PARA MARUJA...

TODO SOBRE CATALUÑA

Geografía y demografía de Cataluña

Como ya sabemos, Cataluña es una comunidad autónoma española, considerada nacionalidad histórica que está situada en el noreste de la península Ibérica. Ocupa un territorio de unos 32.000 kilómetros cuadrados que limitan al norte con Francia (Occitania) y Andorra, al este con el mar Mediterráneo a lo largo de una franja marítima de unos 580 kilómetros, al sur con la comunidad Valenciana, y al oeste con Aragón.

Sin duda, esta situación estratégica ha favorecido una relación muy intensa con los territorios de la cuenca mediterránea y con Europa continental.

Cataluña está formada por las provincias de Barcelona, Tarragona, Lérida y Gerona. Su capital es la ciudad de Barcelona.

En estos momentos que estamos, último trimestre del 2017, en el territorio catalán habitan 7.504.000 personas repartidos en un total de 948 municipios de los cuales 64 superan los 20.000 habitantes (en los que viven el 70% de la población catalana).

Sin embargo, dos tercios de la población vive en el ámbito metropolitano de Barcelona, que constituye un territorio muy denso y altamente industrializado, liderando el sector en España desde el siglo XIX. Su economía es de las más importantes de entre las comunidades autónomas al generar el 18,8% del producto interior bruto (PIB) español. Respecto al PIB per cápita, se sitúa en cuarta posición, tras el País Vasco, la Comunidad de Madrid y Navarra.

Según los datos del instituto Valenciano de Investigaciones Económicas de 2007, su índice de desarrollo humano (0,958) es el octavo mayor de España por detrás de la comunidad autónoma de La Rioja, y por delante de Asturias. Y el índice de desarrollo de los servicios sociales la sitúa en octava posición, por detrás de Castilla la Mancha y Cantabria.

En el informe de PISA queda en el puesto séptimo en lectura (500 puntos), y sexto en matemáticas (500 puntos) y ciencias (504 puntos), a menos de un 5% de distancia de las primeras comunidades autónomas (Castilla y León y Navarra).

ETIMOLOGÍA

La etimología de Cataluña permanece incierta aunque han sido varias las posibilidades señaladas.

El topónimo como tal se encuentra por primera vez en forma escrita hacia 1117 en la forma latina que aparece en el poema pisano *"Liber maiolichinus de gestis pisanorum ilustribus"*.

En este texto en el cual se describen las gestas que los pisanos realizan con los catalanes para abordar la conquista de Mallorca, aparecen varias referencias al conde Ramón Berenguer III así como referencias étnicas como *catalanensis* y al territorio de estos, *Catalania*. Aunque con posterioridad, también aparece la expresión *in Catalonia* en unas donaciones que el rey Alfonso II hizo a su esposa en 1174, así como en diversas ocasiones (*Cathalonia*) en el testamento del rey y en cantos de trovadores occitanos. También en tiempos de su hijo y sucesor Pedro el Católico vuelve a mencionarse en la declaración de la asamblea de Paz y Tregua de 1200, en que se delimita su ámbito de vigencia. Seguramente la primera vez que aparece en catalán es en el *Llibre dels fets* de Jaime I el Conquistador, en la segunda mitad del siglo XII,

Sin duda, la razón de este nombre no está clara. Algunos autores postulan que la palabra procede de *Gotolandia* (país de los godos) a través de *Gothia o Gotia* que era como los francos denominaban también la Marca Hispánica, debido a la presencia de población visigoda en Septimania y el norte de la actual Cataluña tras la caída del reino visigodo, aunque la transformación fonética es discutible.

Pero también y de igual modo, se sugiere *Gothoalania* (país de godos y atanos) pese a no haber referencias de este segundo pueblo en territorio catalán.

Sin embargo el historiador medieval, Pere Tomic, sugiere la existencia hacia el siglo VIII de un caballero alemán llamado *Otger Cathaló*, al que por sus gestas de conquista, Carlomagno dedicó su nombre a las tierras del sur de los Pirineos. Y otra propuesta sugiere que por las necesidades defensivas de la Marca se levantaron muchas fortificaciones. También se indica, que sus guardias eran los *castellanos* que en el bajo latín medieval tomaría el nombre de *castlanus* de cuya voz surgen las formas catalanas *castlá, catlá y carlá.* Por todo lo anterior, los extranjeros que pasaban por sus tierras habrían comenzado a nombrar así a los habitantes y su territorio, por lo que Cataluña significaría "tierra de castillos".

No obstante, esta explicación ha sido cuestionada por dificultades fonéticas, Existen autores modernos   como Ronjat que en *Grammaire historique des parlers provencaux modernes y Grammont (Sur la métafhése)* defienden que el topónimo procede de una operación de la latina referida a los lacetanos. Por lo que la transformación se daría por metátesis entre la *–l* y la *–c lacetanos, catelanos y catelans.* Aunque este proceso debió de darse entre las capas populares y en tiempos remotos, previos a cualquier influencia erudita.

Pero en la actualidad, esta etimología y la referida a los godos son las más extendidas. No obstante, además de las comentadas hay aún más propuestas etimológicas   menos conocidas. Por ejemplo, tanto *catalán* como *castellano* podrían derivar de una fusión de las palabras góticas *guta y athala,* con el significado de "noble godo" o "hidalgo godo".

En este sentido, *Otger Cathaló* podría ser *Otger el noble godo.*

Pero hay más, una interpretación surgida en el siglo XV descartada entre otros por Antonio Agustín y calificada de absurda por Félix Torres Amat, que pretende derivar el nombre de Cataluña, de los campos Cataláunicos. Pero según esto, el nombre derivaría del título "Catalaunicus" del rey visigodo Turismundo, cuya dinastía llegó a dominar territorios de ambos lados de los Pirineos.

Dicha titulación tiene su antecedente en los sucesos siguientes:

El 2 de junio del año 451, en los Campos Cataláunicos (región de la tribu gala catauni, que puede estar vinculada a la tribu celta-belga de los Catuvellaunos mencionados por Dion Casio cuya terminología da el nombre de la ciudad de Chalons (*Chatalan*) y a la Champaña *Champs),* ocurrió una gran batalla entre los hunos de Atila (con sus aliados ostrogodos, gépidos y hérulos), frente a los romanos de Flavio Aecio (con sus aliados visigodos y alanos), donde murieron más de 20.000 guerreros. Se cree que en dicha batalla, Atila, al frente de sus jinetes, atacó por el centro de los alanos, y los ostrogodos atacaban por la derecha a los visigodos, mientras los gépidos y los hérulos atacaban por la izquierda a los soldados romanos de Aecio, que dominaban una colina. Y en el combate pereció el rey visigodo Teodorico I, por lo que su hijo Turismundo fue nombrado rey en mitad del combate, para luego provocar la desbandada de los ostrogodos e inclinar el combate en contra de la confederación de Atila, que también fue obligado a retirarse.

Cuando terminó la batalla, el rey visigodo Turismundo regresó a su capital Touluse, donde a raíz de esa victoria, fue titulado como rey Turismundo "Catalaunicus", lo cual fue el germen de la futura denominación de la Cataluña pirenaica.

HISTORÍA DE CATALUÑA

Cuando terminó la desintegración del imperio carolingio, el condado de Barcelona, que había formado parte de la Marca Hispánica del Imperio, alcanzó una independencia de *facto* a finales del siglo X y consiguió agrupar en torno a él, mediante vínculos familiares o de vasallaje, a una parte importante de la actual Cataluña, principalmente los condados de Gerona, Osona, Besalú, Cerdaña, y Ampurias. Aunque a tenor de los convenios establecidos en el 1137 el rey de Aragón daba a su hija como esposa al conde de Barcelona y con ella daba todo el Reino de Aragón para que lo gobernara y administrara bajo el Señorío de su mujer. Aunque sólo en el supuesto de que Petronila muriera sin haber dejado descendencia de su matrimonio y Ramón Berenguer IV accedería, tras la muerte de su suegro, al dominio pleno del Reino, pudiendo trasmitirlo en herencia a los hijos que tuviera de consortes posteriores.

Sin duda, se trata de un ejemplo de aplicación práctica de la institución foral aragonesa denominada *"casamiento en casa"*, que consiste en un tipo de pacto que autoriza a casarse de nuevo sin que pierda sus derechos y siempre que lo haga en *"la casa"* del premuerto, al cónyuge enviudado de un heredero forzoso que, en el momento de su muerte, careciera de algún sucesor idóneo para continuar *la casa"*.

No obstante, mediante estos acuerdos, pues, Ramiro II ponía fin a los inconvenientes planteados por la sucesión al trono y daba cumplida cuenta de sus obligaciones como soberano. Aunque a pesar de que en la cesión mencionada se reservaba para sí el título y la dignidad real, el Monje no volvería a intervenir en los asuntos de Estado, retirándose a la vida monástica en San Pedro el Viejo de Huesca, donde permanecería hasta su muerte en 1157. A partir de ahora sería el conde Ramón Berenguer IV quien ejercería las funciones propias del gobierno del país.

Sin embargo, aún quedaba por resolver una última cuestión de las suscitadas por el testamento del Batallador.

El arreglo con las órdenes militares para obtener su renuncia a la herencia que les correspondía.

No obstante, desde el primer momento el papa se había volcado en su defensa ordenando se diera cumplimiento a las disposiciones testamentarias, de ahí que la solución de estos asuntos resultara imprescindible para normalizar las relaciones con Roma.

De esta forma, las gestiones sobre el particular fueron llevadas a cabo por Berenguer IV y, finalmente, las tres renunciaron a su favor a cambio de cuantiosas concesiones de rentas y señoríos (1141-1143).

LIMITES MÁXIMOS DEL REINO ARAGONES

Sin duda, este desenlace de la crisis tendría como consecuencia más palpable la unión en la misma persona de unos intereses hasta entonces contrapuestos y el cese de la rivalidad mantenida por ambos Estados en su política exterior.

El efecto inmediato de la nueva situación sería el avance reconquistador por territorio peninsular, que llevaría a aragoneses y catalanes a ocupar sin oposición ni disputas todos aquellos lugares por los que, en su día, habían demostrado un interés común. Sin duda alguna, las fuerzas con las que contaba la Corona eran de tal calibre que obligaría a Aragón y Cataluña a pactar en sucesivos tratados los límites territoriales de sus futuras conquistas, hecho éste que parecía absolutamente impensable tras la muerte del Batallador.

Aunque, no obstante, la multiplicación de los centros de atención de la monarquía iba a imprimir a las tareas de reconquista unos caracteres nuevos, casi desconocidos hasta ese momento. Porque si hasta ahora la actividad reconquistadora había sido dirigida fundamentalmente por el rey, en adelante serán las gentes del reino quienes, en muchos casos, lleven la iniciativa.

Ahora bien, desde la conquista de Chalamera (1141) u Ontiñena (1147) *"Por los señores de tierras de Zaragoza"* hasta la ocupación de Ares y Morella (1232) por Blasco de Alagón, fueron muchas las ocasiones en que los caballeros fronteros o los nobles aragoneses actuarían por su cuenta y en su propio beneficio. Pero en parte, se trataba de un resultado más de la política iniciada por Alfonso I que ampliada y renovada por sus sucesores, dejaría en manos de particulares la expansión de las fronteras a cargo del islam.

A partir de ese momento, la reconquista entrará, pues, en una etapa nueva en la que predominará la recuperación paulatina del territorio, pero sin que se observen, salvo en una primera época, los avances espectaculares de principios de siglo.

A pesar de que la labor resultaría facilitada por la grave descomposición interna que afectó al imperio almorávide desde 1140 los progresos se verían ralentizados por la dificultad que suponían la colonización de unos espacios tan amplios como los escasos recursos disponibles.

No obstante, más que en grandes acciones militares el avance reconquistador va a estar fundamentado en la sucesiva recuperación de lugares estratégicos, que se irían anexionando de manera escalonada al impulso del movimiento repoblador o de las circunstancias políticas del momento.

Sin duda, las primeras actuaciones de Ramón Berenguer IV estuvieron encaminadas a recuperar los territorios perdidos al norte del Ebro tras la muerte de Alfonso I.

En 1141 volvían a dominio cristiano Sariñena, Chalamera, Alcolea y Monzón, que serían reconquistados por las milicias concejiles zaragozanas al mando de su teniente. Y en 1142 otorgaba fuero a Daroca, que además de consolidar la obra del Batallador incluía la concesión de unos amplísimos términos municipales, aún en parte por reconquistar, que llegaban a abarcar hasta pueblos incluidos en la actual provincia de Castellón.

Finalmente, tras unos años de interrupción, volvería sobre la ribera del Cinca, donde ocuparía Ontiñena, Tamarite y Zaidín (1147).

Después, con la ayuda de una armada genovesa, Ramón Berenguer IV conquistó la ciudad de Tortosa (1148), que le fue entregada mediante unos pactos de capitulación semejantes en su contenido a los otorgados por Alfonso I a Zaragoza y Tudela. No obstante, al año siguiente y aprovechando su aislamiento del mundo islámico, acometería la conquista de Lérida, con lo que cumplía una vieja aspiración aragonesa, fomentada incluso por la Santa Sede.

Ambas ciudades constituirían, de momento, sendos marquesados bajo dominio directo de la Corona, sin que fueran adscritos a ninguno de los territorios originales de la confederación. Y al mismo tiempo que capitulaba Lérida lo hacía también con Fraga, hecho que hace pensar en una entrega pactada ante la falta de auxilio musulmán.

Aunque a partir de ahora, finalizadas ya las grandes campañas militares, la conquista progresaría a un ritmo más lento. Híjar, Albalate (1149), Huesca del Común (1154), Monforte de Moyuela, Alcañiz (1157) y Monreal son, entre otras plazas, algunos de los lugares que se poblaron o fortificaron por esos años. Y con ellos se organizó una línea defensiva al estilo de las del Norte del Reino, que sirvió de base para las futuras acciones.

A la muerte de Ramón Berenguer IV sería su hijo y sucesor, Alfonso II (1162-1196), quien continuaría con la empresa. Por un lado, las conquistas de Nonaspe, Valderrobres, Castellote, Gandesa, Horta de San Juan y las zonas comprendidas entre el Ebro y el Cenia (1166-1168), representaron para Aragón la incorporación de *Toda la Tierra Baja* y la ansiada salida al mar, por la que tanto había porfiado Alfonso el Batallador.

Con la ocupación de Montalbán (1163), Alfambra y Teruel (1169) y la de los macizos montañosos de Cantavieja y Aliaga, se alcanzaban *"grosso modo"* los límites provinciales actuales, a falta de Albarracín, que se uniría más tarde.

Sin embargo, la dominación efectiva sobre la mayor parte de estos territorios tardaría algún tiempo en consolidarse. Porque las luchas civiles entre los musulmanes valencianos, con el consiguiente descuido de los problemas fronterizos, permitieron al monarca aumentar su control sobre amplios espacios tan apenas defendidos y cuya repoblación en algunos casos, sería llevada a efecto ochenta años más tarde.

En esos momentos ni aún siquiera se había planteado la construcción de las mínimas fortificaciones necesarias que garantizaran el dominio militar sobre todos esos lugares, de los almohades en Valencia (1171) y la impresión de sus primeras expediciones contra los cristianos ocasionaron en Aragón un pánico semejante al experimentado a la muerte del Batallador.

Ante el inminente peligro que suponía el empuje combativo de los nuevos dominadores de la España Islámica, Alfonso II de Aragón tuvo que echar mano de todos los recursos a su alcance para afianzar la frontera. En primer término fortificaría Teruel (1171), lugar sobre el que años más tarde (1177) fundaría una ciudad con el apoyo de un importante fuero, parecido al de Daroca pero de mayor amplitud normativa. Y a su vez concitaría el interés de las órdenes militares Temple, Hospital, Calatrava, Alfambra-, a las que entregaría propiedades que darían origen a múltiples encomiendas.

Otras instituciones eclesiásticas se verían impulsadas también a colaborar en la tarea y no faltaría tampoco la esporádica colaboración de algún que otro miembro de la nobleza.

Sin duda, una vez superado el problema y sobre la base de éste *"cinturón de seguridad"* (Ubieto), el movimiento reconquistador atravesaría por numerosos altibajos a tenor de las circunstancias. Pedro II (1196-1213), absorbido por su política internacional, apenas lograría recuperar alguna posición avanzada (Rubielos de Mora, 1203; Camarena, 1205; Ademuz, 1210.

La iniciativa popular de varios tenientes de Teruel reportaría también algunas adquisiciones (Mora de Rubielos, 1198; Manzanera, 1202), pero del interés del rey por la labor dice lo suficiente el hecho de que, al final de su reinado, gran parte de los castillos levantados en la frontera estuvieran en poder del monarca navarro.

En la última etapa reconquistadora (1232-1239) por tierras hoy valencianas –Morella, Vinaroz, Burriana- se desarrollaría durante el período de Jaime I (1213-1276), aunque a la postre los resultados obtenidos tuvieron una repercusión muy escasa en la configuración espacial del Reino. No obstante, de las conquistas efectuadas únicamente quedaría para Aragón el lugar de arcos de las Salinas, que sería anexionado al término de Teruel en 1269.

Finalmente, en 1284, Pedro III (1276-1285) incorporaría el señorío de Albarracín, que hasta entonces había seguido una trayectoria autónoma bajo el poder de los Azagra. Que fue sorteando toda clase de dificultades y merced a la habilidad diplomática de sus señores y del apoyo prestado por Navarra, esta ciudad y su sierra circunvecina lograron mantener su independencia por más de un siglo. Pero el poco tacto demostrado por el último miembro de la familia daría pie al monarca aragonés para unirla a sus dominios tras someter a la capital a un largo y penoso asedio de cuatro meses de duración,

Sin duda alguna, paralelo a estas últimas adquisiciones tendría lugar un fenómeno nuevo, de signo contrario, que se concretaría en la pérdida de algunos territorios pertenecientes a Aragón o tradicionalmente vinculados a él que serían agregados a Cataluña y Valencia. Peros los factores que provocaron este proceso fueron de muy diversa índole, pero el más importante, sin duda, lo constituyó la propia voluntad personal de Jaime I, que de un lado crearía un nuevo reino y del otro dispondría de sus dominios en múltiples ocasiones (1243-1262) con objeto de repartir entre los hijos de sus dos matrimonios.

La decisión de Jaime I .de crear un reino nuevo en Valencia (1239) que aglutinara todas las conquistas efectuadas hasta entonces además de las repercusiones interna que tendría en Aragón, trajo como consecuencia la fijación de los límites territoriales por el sur del Reino.

Todo ello suponía el fin de la reconquista aragonesa y la pérdida para Aragón de las tierras anexionadas desde el comienzo de las campañas, a las que se añadían algunos de los lugares adquiridos por Pedro II (Ademuz). Por eso, la reacción aragonesa ante este acontecimiento derivó hacia otros aspectos diferentes del meramente fronterizo, por lo que, salvo algunas rectificaciones posteriores en los lindes con Teruel, la frontera entre Aragón y Valencia quedó establecida donde hoy se mantiene.

Aunque otro sería el caso de la configuración territorial por parte de Cataluña, donde a la imprecisión geográfica existente se añadía el peso de una tradición secular sin límites definidos y una amalgama de entidades históricas diferentes que habían sido aglutinadas paulatinamente, pero sin que se integraran de forma explícita en ninguno de los Estados originarios de la Corona.

Sin duda, a comienzos del siglo XIII los intereses territoriales entre Aragón y Cataluña sólo estaban deslindados con cierta presión en algunas de sus partes, mientras que en otras –y sin que ello fuera ningún inconveniente- estaban por trazar todavía. Las disputas comenzaron a surgir años más tarde, cuando Jaime I, mediante sucesivos testamentos, procedió a dividir sus Estados entre los hijos habidos de sus matrimonios, para lo cual tuvo que delimitar con exactitud las pertenencias que les asignaba a cada uno de ellos.

Sin embargo, por uno de los extremos no había mayor problema: desde la segunda mitad del siglo XII la frontera entre Aragón y Cataluña había quedado fijada en el curso inferior del Ebro, en el tramo comprendido entre la desembocadura del Segre y el mar. Pero en cambio, la concreción de los límites orientales plantearía mayores dificultades, pues los criterios para adjudicar las tierras situadas entre el Segre y el Cinca y con ella la propia ciudad de Lérida eran ambivalentes y resultaban confusos. Había el traslado de la sede de Roda la existencia de un teniente Gardeny, el empleo de la moneda jaquesa o la asistencia de los ilerdenses a las juntas del Reino hacían de Lérida una ciudad aragonesa; por el contrario los estatutos de *"paz y tregua"* promulgados por las asambleas catalanas y el uso de un derecho municipal ligado al barcelonés la integraban en Cataluña.

No obstante, Jaime I, vacilante en un principio, optó finalmente (1248) por fijar las fronteras en el rio Cinca, por lo que separaba de Aragón no sólo Lérida o los condados de Pallás sino que incluso llegaba a desgajar regiones históricamente aragonesas como Ribagorza, La litera o el Valle de Arán. En realidad la partición efectiva no llegó a consumarse pues la muerte del infante Alfonso, a quien le correspondía Aragón, hizo que los estados peninsulares de la Corona recayeran en el futuro Pedro III. Así aun cuando el deslinde se mantenía en vigor, ninguno de los territorios afectados acató al pie de la letra la decisión de Jaime I, de modo que se vincularon a Aragón o a Cataluña según sus propios interese. Atendiendo a esa realidad y aún a pesar de las protestas de Jaime II confirmó definitivamente (1305) la incorporación de Ribagorza, La litera y Fraga al Reino de Aragón fijando los límites orientales aragoneses donde están en la actualidad.

Aunque las tierras situadas al sur del cauce del Ebro siguieron un camino distinto. Porque pertenencia a Aragón había sido respetada por los sucesivos testamentos del Conquistador, pero en realidad era que todas ellas estaban en posesión de templarios, y hospitalarios, cuya política repobladora a base de *"costumbres de Tortosa"* originó la disputa. Como aragonesas que eran utilizaban la moneda jaquesa y pertenecían a la sobrejuntería de Zaragoza, pero, en cambio, se regían por un derecho común que era catalán. Poco a poco, desde 1280 hasta 1350, todos estos lugares serían integrados en Cataluña, situándose la frontera en el curso del río Algás. Con ello Aragón quedaba configurado como un reino interior y perdía para siempre su salida al Mediterráneo.

EL PAPEL DE LA MONARQUÍA ARAGONESA DESDE JAIME I HASTA

FERNANDO II

Toda esta concreción geográfica del Reino, sobre todo en las fases de su proceso, nos remite e una nueva etapa de la historia de Aragón que se habría de caracterizar por la superación del particularísimo regional anterior y la creación de un conjunto territorial unitario, enmarcado en unas fronteras concretas, sujeto a un mismo ordenamiento jurídico y regido por unos órganos de gobierno circunscritos en su actuación al ámbito espacial del mismo. Por todo eso partir de ahora, las diferencias existentes entre los Estados originarios de la Corona se van a consolidar de manera definitiva, acentuándose cada vez más conforme la identificación del soberano con los intereses de una parte de sus súbditos sea más acusada.

Pero el origen de toda esta transformación estriba en la actividad desarrollada por Jaime I, en cuya época tuvo lugar la unificación del Derecho foral aragonés (1247) la fijación de los primeros límites fronterizos del Reino y la configuración de unas instituciones nuevas que, si bien ya eran conocidas con anterioridad, se les amplían ahora sus contenidos. No obstante, el fenómeno más importante de su reinado sería el de la ruptura definitiva entre los intereses del rey y los de las clases dirigentes del Reino, cuya evolución y acontecimientos iban a dominar el panorama político aragonés de un amplio período.

Sin embargo, las divergencias existentes entre monarquía y nobleza se arrastraban ya desde tiempo atrás, pero en este reinado se van a acentuar todavía, más a cusa de las tendencias cesaristas del soberano y el acusado catalanismo de su política. La conducta observada por Jaime I con respecto a Valencia y su deseo de crear un reino nuevo contra lo que estimaba una prolongación de Aragón le acarreó la oposición generalizada de los nobles aragoneses, que no tardarían en resucitar viejos problemas con los enfrentamientos con el monarca.

No obstante, del forcejeo mantenido entre uno y otros resultarían los acuerdos adoptados en las llamadas Cortes de Ejea (1265), que si en parte venían a ratificar antiguas privilegios nobiliarios, introdujeron también novedades significativas.

Pero es ahora cuando empieza a perfilarse una de las instituciones más peculiares del Reino, es el Justicia de Aragón, que de mero asesor de la curia, real llegaría a convertirse en uno de los pilares básicos de la constitución política aragonesa. Porque por esas mismas fechas se introduce además una teoría sobre el fundamento del poder soberano que, fraguada en Navarra en 1238, sería la base del *"pactismo"* aragonés como doctrina política de respeto mutuo entre el rey y su súbditos.

Sin duda, el enfrentamiento adquirió unas dimensiones más amplias durante el reinado de Pedro III, quien obedeciendo a sus intereses dinásticos y a los de la burguesía de Barcelona se lanzó a la conquista de Sicilia (1282), hecho que le ocasionó su excomunión por el papa, el entredicho de sus Estados y la Guerra con Francia. La gravedad de estos acontecimientos originó una reacción sin precedentes en el Reino de Aragón, donde la mayoría de los nobles y ciudades se juramentaron entre sí en la defensa de sus fueros y privilegios, amenazando, incluso, con destronar al rey si atentaba contra alguno de ellos. Sin duda este era el origen de la Unión, que conseguiría imponer sus reivindicaciones en las Cortes de Zaragoza en 1283, obligando a suscribir al soberano el *Privilegio General de Aragón"*.

Sin embargo, las innovaciones introducidas en este documento fueron más bien escasas y salvo la cláusula relativas a la obligatoriedad de convocar Cortes en Zaragoza cada dos años, el resto de su articulado no hacía sino confirmar privilegios y costumbres antiguas, limitando la implantación de nuevos impuestos y el intervencionismo real en materia económica. No obstante se trataba del primer intento de fijar legalmente las relaciones ordinarias entre las comarcas del Reino, siendo en este aspecto donde radicaba su novedad más destacable. Sin duda, desde ahora la nobleza no solo se contentará con enmendar los avisos de la administración sino que aspirará a través de las Cortés, a compartir con el soberano el gobierno del país, condicionando a su aprobación los asuntos más importantes.

Aunque a pesar de ello la tensión latente para revitalizarse de nuevo en el período de Alfonso III (1285-1291), a quien la Unión llegó a exigir que fueran las Cortes aragonesas quienes dictaran la política de la Corona y nombraran los consejeros reales. Reprimidos con dureza los primeros conatos de rebelión, la crisis alcanzó unas proporciones considerables hasta el punto que el rey tuvo que avenirse con los rebeldes para solucionar el enfrentamiento. Y los resultados de estos acuerdos fueron recogidos en los *"Privilegios de la Unión"* en 1287, por los que el monarca tuvo que aceptar, entre otras cosas, la convocatoria anual de Cortes de Zaragoza y su deposición como soberano si faltaba a su palabra. Sin embargo, la radicalización del conflicto y la violencia demostrada por los sublevados motivaron el rechazo de amplios sectores del reino, quedando reducida la Unión a la minoría más intransigente.

Aunque los reinados de Jaime II (1291-1327) y Alfonso IV (1327-1336) supusieron un paréntesis de tranquilidad y un período de entendimiento entre Aragón y sus soberanos. El artífice de esta concordia fue el primero de ellos, quien merced a la prudencia observada en sus relaciones con los aragoneses y al equilibrio de su política respecto a sus Estados, no sólo consiguió apaciguar los ánimos sino que logró interesar al país en las empresas exteriores de la monarquía (conquista de Murcia y Cerdeña), superando así el tradicional rechazo aragonés a la expansión marítima de la Corona. Porque su escrupuloso respeto a los fueros y usos del Reino le permitirían, además, presentarse ante sus súbditos como el defensor más cualificado del ordenamiento legal en vigor, llegando incluso a arrebatar a la nobleza la bandera del foralismo.

Pero unos años más tarde tendría lugar un nuevo rebrote unionista, surgido frente a Pedro IV (1336-1387) y salpicado por su hermano Jaime. Aparentemente se trataba de un problema sucesorio planteado con premura, pero en el fondo subyacían dos concepciones distintas sobre el ejercicio del poder y las estructuras administrativas del Reino. Resucitada la vieja Unión el Rey tuvo que plegarse a las exigencias de los insurgentes (Cortes de Zaragoza, de 1347), pero a pesar de sus dificultades iniciales acabó venciendo en la batalla de Épila (1348) donde el ejército rebelde fue completamente derrotado por las huestes reales.

Sin duda alguna, con ello se saldaba de forma definitiva y favorablemente para el rey el largo enfrentamiento mantenido con la nobleza. Por lo tanto, a partir de ahora el monarca va a erigirse en cabeza y centro de la organización política del Estado aunque sujeta a las leyes y fueros del Reino, cuya observancia y cumplimiento está obligado a jurar en el momento de acceder al trono. Y la nobleza dejará de constituir corporativamente una fuerza política pero, en cambio conseguirá arrancar de las Cortes enormes atribuciones sobre sus propios vasallos. No obstante, se iniciaban así un anquilosamiento del estamento nobiliario, de funestas consecuencias futuras, que venía a coincidir con los estragos ocasionados en el país por las sucesivas oleadas de peste y la cruenta guerra con Castilla (1356-1369).

Ain embargo, desde mediados del siglo XIV, a la vez se remodela su ordenamiento institucional y asiste a la consolidación del poder de sus oligarquías, Aragón va a experimentar un grave deterioro de la convivencia social que solo a duras penas pudo ser controlado por la autoridad creciente de la monarquía. Pero los conflictos entre los distintos linajes nobiliarios a los grupos dirigentes a las ciudades alterarán con frecuencia la paz del Reino y, cuando a la muerte de Martín I (1395-1410) se abra la crisis sucesoria, las luchas de los bandos existentes se desatarán con toda su virulencia.

Aunque este y otros problemas eran los que los aragoneses esperaban que resolviera el nuevo monarca elegido en Caspe, Fernando I (1412)-1416), pero la entronización de la dinastía castellana de los Trastámara iba a suponer la postergación de los asuntos del país a favor de la política de sus soberanos que, en general, resultaría ajena a los intereses del Reino. Y tanto Fernando I como su hijo Juan II (1458-1479) intervendrían activamente en los conflictos civiles de Castilla, pero más que como reyes de Aragón como ricos terratenientes castellanos.

Sin embargo, Alfonso V (1416-1458), ocupado en la conquista de Nápoles, permanecería ausente de sus estados durante dos tercios de su reinado, dejando el gobierno de la

Corona en manos de lugartenientes. Pero el intervencionismo de Juan II en Navarra y la conducta observada con su hijo, el príncipe de Viana, ocasionaría también grandes trastornos a los aragoneses, acentuados todavía más por las consecuencias derivadas de la sublevación catalana contra la política del monarca.

En definitiva, pues, a finales de la Edad Media. Aragón atravesaba por una nueva fase de su historia que se caracterizaba por los progresos del Absolutismo monárquico, la ruptura del equilibrio institucional, la persistencia de la conflictividad social y la fosilización de sus estructuras, a lo que habría que añadir la presencia frecuente de tropas extranjeras que contribuirían a ensombrecer a un más el panorama. Aunque esta grave crisis interna venía motivada, por los intereses particularistas de la casa reinante pero tampoco hay que desestimar el cupo de responsabilidad de las fuerzas políticas aragonesas, que no supieron o no quisieron actuar conforme lo exigían las circunstancias.

Pero a la muerte de Juan II, desparecido ya el príncipe de Viana, le sucedería su otro hijo, Fernando el Católico (1479-1516) con quien comienza en Aragón la modernidad.

LA UNIÓN DE LOS CONDADOS CATALANES CON EL REINO DE ARAGÓN

Llamamos *"Corona de Aragón"* al conjunto de hombres y territorios que estuvieron sometidos a la jurisdicción del rey de Aragón prescindiendo del carácter institucional de cada país que podía ser muy distinto. Y su origen estriba en los pactos establecidos entre Ramiro II el Monje y Ramón Berenguer IV en 1137, que dieron lugar al matrimonio de la infanta Petronila con el conde barcelonés. Y el hijo de ambos, Alfonso II heredaría de su padre el condado de Barcelona (1162) y poco después, le sería entregado por su madre el Reino de Aragón (1164), con lo que se convertía en el primer monarca de la Corona. No obstante, el concepto de *"Corona de Aragón"*, tal como hoy entendemos es mucho más tardío y solo desde finales del siglo XIV comienza a aparecer en la documentación.

Aunque su configuración definitiva, lograda con el paso de los siglos, fue el doble fruto de los siglos, de la reconquista peninsular y de expansión mediterránea. Sin embargo, en la etapa más antigua predominó la primera de estas tendencias, que obligarían a pactar con Castilla las respetivas áreas de conquista – Tratados de Tudillén (1151), Cazola (1179), Almizra (1244)-, Pero la culminación del proceso reconquistador y la renuncia a la tradicional política occitana de la monarquía -tratado de Corbeil (1258)-, los avances por el Mediterráneo serían la única salida posible a una organización secularmente guerrera y que convenía, además, a los intereses económicos de la nobleza y burguesía catalanas.

No obstante, esta doble dirección de la expansión de la Corona respondía a la política nacional de los soberanos tanto en la condición de condes de Barcelona como de

Reyes de Aragón, pero la intervención de los aragoneses en la empresa fue muy diferente en uno a otro caso. Mientras que su colaboración en la reconquista rozó en ocasiones el entusiasmo, las campañas ultramarinas contarían casi siempre con su oposición más decidida, sobre todo en aquellos momentos en que el pro catalanismo del monarca parecía más acusado. En la conquista de Cerdeña, sin embargo, llevada a cabo por Jaime II (1323), Aragón soportaría el mayor peso de la expedición y los contingentes aportados por el reino llegarían a igualar a los de Cataluña y Valencia unidas.

Pero entre las diferentes entidades políticas que la constituyeron algunas eran *"reinos"* (Aragón, Mallorca, Valencia, Sicilia, Córcega, Cerdeña, Nápoles), otras *"ducados"* (Atenas y Neopatria) o *"marquesados"* (Provenza); había también varios *"condados"* Barcelona, Rosellón, Cerdaña,) y, por último, un *"señorío"* (Montpelier). Sin embargo, su vinculación a la Corona se produjo en fechas - distintas y por procedimientos diversos e incluso hubo algún caso (Córcega) en que la soberanía del rey fue más nominal que efectiva. Aunque tampoco faltaron ocasiones en que, tras unos primeros años de dependencia, esta sería interrumpida para reanudarse después, permaneciendo durante esos intervalos de tiempo bajo el dominio de otras dinastías reales derivadas de la aragonesa. Esto se explica por otro uso que hicieron los monarcas de la facultad de disponer de sus bienes *"acaptos"* que, por lo general, pasaron a integrar la herencia de sus segundogénitos.

No obstante, cada uno de estos territorios tuvo, dentro de la Corona, plena autonomía política, con sus propios órganos de gobierno, administraciones particulares, monedas diferentes y sistemas jurídicos distintos. Porque tan solo estaban unidos por la persona del soberano, de ahí que no tuvieran más instituciones comunes que la propia monarquía y aquellos organismos a través de los cuales el rey despachaba sus asuntos. Sin embargo, para los Estados peninsulares se estableció una especie de rotación que obligaba al monarca a repartir su estancia entre ellos a lo largo del año, pero como no era suficiente desde muy pronto hubo de recurrirse a la creación de ciertos cargos representativos –procurador, gobernador general, lugarteniente general- que actuaban por delegación real durante sus ausencias. Aunque, Cerdeña y Sicilia recibieron el nombre de *"virrey"* y con esta denominación se implantaron, ya en la Edad Moderna, de los dominios americanos.

Pero, la confederación tomó su nombre del Estado que en el momento de su constitución, en 1137, tenía la mayor categoría política dentro de la jerarquía de valores medieval, esto es: de Aragón, que era un reino, frente a Barcelona, que era un condado. Sin duda, esta primacía honorífica dentro de la Corona fue mantenida siempre por los monarcas y, como diría Pedro IV, Aragón constituyó *"el título y nombre principal de la dinastía",* ocupando el primer lugar de las titulaciones reales. Y por esta razón y aparte de otras prerrogativas jurídicas, era en Zaragoza donde se coronaban los soberanos y en todas las cuestiones sucesorias se atuvieron a lo dictado por el Derecho aragonés.

Aunque por el contrario el papel jugado por el Reino dentro de la confederación fue más bien discreto y sería Cataluña quien, por su mayor densidad demográfica y su dinamismo mercantil, se constituiría en el núcleo rector de la Corona y resultaría la más beneficiada. La historia de la reconquista y de la expansión mediterránea demuestra bien claramente hasta qué punto impuso sus intereses a través de la monarquía, la cual encontraría entre los catalanes una colaboración que, como era de prever, no tuvo de los aragoneses. Tan solo en los momentos de mayor tensión con Castilla o cuando la política peninsular primara sobre la mediterránea acapararía Aragón la atención de sus soberanos, pero, en general, esto le daría más inconvenientes que ventajas.

No obstante, hubo una ocasión sin embargo, en que el protagonismo adquirido por el Reino logró imponer sus decisiones al resto de la Corona, haciendo valer, precisamente, la primacía antes comentada. Y en 1410 moría sin dejar descendencia legítima y sin resolver su sucesión el rey Martín I el Humano, con lo que se planteaba el grave problema de la designación de su heredero la aparición de varios pretendientes a la corona vacante agravó más aún la situación, abriéndose un *"Interregno"* que daría lugar a múltiples enfrentamientos entre los partidarios de unos y otros.

Sin embargo, para solucionar la cuestión e iniciar negociaciones al respecto aragoneses, catalanes y valencianos convocaron a sus propios parlamentos en lugares vecinos (Alcañiz, Tortosa, Morella), pero ante las disensiones internas y el cariz que tomaban los acontecimientos los primeros advirtieron con que usarían *"de sus preeminencias y libertades, así como aquellos que son cabeza de los otro reinos y tierras de la Corona"* y elegirían rey, Aunque ante esta amenaza Alcañiz se convirtió en el centro de negociaciones conjuntas, que desembocarían en la *Concordia de Alcañiz, según la cual* cada Estado nombraría tres compromisarios que, reunidos en Caspe, habrían de elegir el candidato que, según su criterio, tuviera mejores derechos. Pero, de este *"Compromiso de Caspe"* resultaría elegido el infante castellano Fernando de Antequera, que gobernaría en Aragón con el nombre de Fernando I.

Sin duda, la singularidad de este acontecimiento y las consecuencias que tuvo para la ulterior evolución de la Corona han sido los motivos de que la sentencia de Caspe (1412) haya merecido múltiples comentarios de la historiografía posterior, algunos de ellos, afortunadamente, ya superados. Porque la unánime posición aragonesa, la influencia de Benedicto XIII en dos de los compromisarios valencianos y las divergencias existentes entre el patriciado barcelonés y la nobleza de Cataluña, aparte de otros factores, dieron los votos necesarios a un candidato que, además de ostentar los mejores títulos jurídicos según el Derecho aragonés era considerado como el más *útil* en opinión de la mayoría, aún incluso para los que no se pronunciaron en su favor. Aunque otra cosa es que, por circunstancias ajenas a su persona, las esperanzas en él depositadas resultaran finalmente defraudadas.

FIN DE LA DINASTÍA AUTOCTONA DE LOS CONDES DE BARCELONA

La muerte sin descendencia ni sucesor del rey Martín I el Humano en 1410 creó una grave crisis sucesoria. Se abrió un periodo conocido como el "interregno" y se postularon diversos candidatos al trono. Tras el "Compromiso de Caspe" de 1412 se escoge a Fernando de Antequera de la Casa de Trastámara como nuevo rey. A partir de este momento se empieza a introducir con más fuerza el idioma castellano en Cataluña.

El sucesor de Fernando I de Aragón fue Alfonso V el Magnánimo que promovió una nueva etapa expansionista sobre el Reino de Nápoles que concluyó hacia 1443. Al mismo tiempo se agravó la crisis social en Cataluña con numerosos conflictos rurales y urbanos. Todo ello culminó en 1462 con la "rebelión de los remensas" que fue un alzamiento campesino contra las presiones señoriales y la "Guerra Civil Catalana" que duró unos diez años que provoco una grave ruina social y económica. Los conflictos rurales no se resolvieron y Francia retuvo hasta 1493 los condados de Rosellón y Cerdaña ocupados durante el conflicto.

La Corona de Aragón se une a la Corona de Castilla con el matrimonio en 1469 en Valladolid de la reina Isabel de Castilla y el rey Fernando II de Aragón (los "Reyes Católicos". Esta unión fue efectiva a su muerte en 1516, aunque ambos reinos conservaron sus instituciones políticas (cortes, leyes, administraciones públicas y moneda propia).

El rey Fernando resolvió el conflicto de los remenses en 1486, reformó las instituciones, recuperó los condados catalanes del norte de forma pacífica y amplió la actuación de la Corona sobre Italia.

SIGLO XVI

La participación catalana en las expediciones y campañas militares españolas se deja ver desde el principio del reinado de Fernando e Isabel. Dos ejemplos de ello son el almirante Cardona, que conquista Mazalquivir en 1505 y Pere Bertrán, que acompaña a Colón en el segundo viaje a América.

Este siglo supone para Cataluña una cierta recuperación demográfica y económica, en comparación con la ruina del siglo anterior. El reinado de Carlos I de España supone una etapa de paz y de relaciones fluidas de Cataluña con el resto de reinos hispánicos.

El virrey de Cataluña, Pedro Folch de Cardona, Arzobispo de Tarragona une Besalú, Vallespir, Peralada, Ausona, Ampurias, Urgel y Cerdanya al resto de condados, siendo gobernados juntos por primera vez como región histórica unificada.

Con Carlos I la presión económica de la Corona se centra en Castilla (con 6 millones de habitantes) y deja de lado a Cataluña (300.000 habitantes) que se libra de la carga impositiva y de reclutamiento de tropas. Una de las consecuencias de estas presiones sobre Castilla es la "Revuelta de los Comuneros". Dicha revuelta es aplastada por lo Tercios que vuelven de Italia, con el apoyo de la población de Navarra y Vascongadas, que reciben los famosos Fueros de manos del rey en agradecimiento por su apoyo.

El hecho de que el descubrimiento de América y que los derechos sobre ella estuviesen en el reino de Castilla, alejo a la Corona de Aragón de sus ventajas hasta la unificación con el reino de Castilla con la llegada de los Borbones hasta la guerra de Sucesión. La nobleza aragonesa se había opuesto tradicionalmente a la unificación con Castilla porque creía que esto les haría perder poder y sufrir más impuestos.

Al llegar el reinado de Felipe II la Corona de Aragón sigue sin soportar el mantenimiento militar de los reinos. Se niegan a aportar tropas y fondos, en parte porque consideran que sus dominios no se hallan en el Atlántico, sino en el Mediterráneo. En esta época hay que destacar el importante peso específico del Reino de Valencia dentro de la vieja confederación.

En el reinado de Felipe II se inicia una profunda crisis económica hacia 1580 en Castilla, lo que ocasiona una gran pérdida de población En Cataluña la economía se resiente pero se mantiene la unidad del reino.

Hay dos hechos destacables de esta época y es el problema endémico del bandolerismo en las zonas rurales y el de las incursiones de piratas berberiscos en las zonas costeras. A nivel cultural y lingüístico se sufre un retroceso tras la pujanza de siglos anteriores.

El reinado de Felipe II supone también la participación de algunos catalanes relevantes en la política, en la diplomacia, o en el uso de las armas, como súbditos de la corona y del rey. Un ejemplo relevante de ellos es el de Luis de Requesens.

SIGLO XVII

Hacia el 1600 la crisis económica había devastado a los reinos peninsulares, unificados bajo un solo rey. El ejército pierde su supremacía adquirida en los campos de batalla del Siglo .XVI, el norte de Flandes se ha independizado y en América se mantiene la superioridad, pero muy amenazada por Inglaterra, Francia y Holanda.

Con este panorama comienza la "Guerra de los Treinta Años" que consolida a Francia como primera potencia. Es la época del Cardenal Richelieu, y se rompe la hegemonía de los dos grandes imperios del S. XVI, el imperio otomano y el imperio español.

Europa pasa al equilibrio entre las diferentes potencias, más plural que en el pasado, y ello se debe a varios factores: supremacía económica de Francia, división religiosa general y al poderío militar de Suecia, que por primera vez derrota a los tercios españoles. La paz de Westfalia en 1648 abre una nueva época para el poder político en Europa.

La guerra de los segadores (*sublevación de Cataluña,)"Corpus de Sangre"*

Pero la crisis económica, los nuevos impuestos y las nuevas necesidades militares llevan a que se produzca un levantamiento popular en Cataluña. Las razones de fondo son de dos tipos, en primer lugar por las llamadas "Causas antiguas· (reduciendo los privilegios medievales de la nobleza desde la unión de Castilla y Aragón se produjo la convocatoria y presidencia de las Cortes Catalanas, la introducción de alguno de los que se pagaban en Castilla, y la introducción en Barcelona de la Inquisición nueva, en sustitución de la vieja Inquisición que ya operaba desde la Edad Media y que fue el modelo por el cual se implantó la Inquisición Castilla en la época de los Reyes Católicos de tropas y causa nuevas" (la presencia en territorio Catalán de tropas extranjeras a sueldo del rey, considerando como tales a castellanos y aragoneses, necesarias contra Francia en la Guerra, pero nunca deseables en su territorio, y el desempeño de cargos públicos por personas no catalanas. Y en segundo lugar por la política centralizadora del Conde Duque de Olivares, que pretendía unificar los reinos de Aragón y de Castilla, reorganizar el pago de impuestos para mantener la guerra de los treinta años Se pueden resumir los principales problemas en crisis económica, el malestar de la guerra, la presencia de tropas para proteger la frontera contra Francia, dadas a los abusos de los ejércitos de la época; y la petición de nuevos impuestos para sufragar los gastos producidos por la guerra.

Sin embargo, durante la guerra existente entre Francia y España desde 1635 los franceses invadieron el Rosellón. Pero a mediados de marzo de 1640 el *conseller en cap* Pau Clarís y la Diputación de Cataluña emprendieron negociaciones secretas con el Cardenal Richelieu, primer ministro de Francia para que apoyara la independencia de la corona española.

Llegado el año 1640 se disparan los acontecimientos. Y. comienza la revuelta de la independencia de Portugal (apoyados por Francia e Inglaterra) y al mismo tiempo comienzan revueltas en los territorios de Nápoles y Sicilia.

Pero el 6 de junio del mismo año llegan a Barcelona los segadores en busca de trabajo acompañados de rebeldes armados, cometiendo distintos asesinatos y saqueos (Corpus de Sang). Los disturbios y combates posteriores y los incidentes sangrientos dan origen a la guerra civil entre los catalanes realistas y los catalanes independentistas que simpatizaban con el espíritu del levantamiento, y que comenzó en origen como una revuelta contra la corona, la nobleza y la burguesía.

A pesar de todo, Francia acaba apoyando la constitución de una República independiente en Cataluña bajo su protección. Se firma un tratado al respecto en 1641 y Cataluña se somete a la soberanía del rey Luis XIII de Francia.

Aunque en 1648 termina la "Guerra de los Treinta años" (Paz de Westfalia) y esto deja libres a las tropas del rey para intervenir en Cataluña. Y en 1649 los realistas avanzan hasta casi Barcelona, donde el comportamiento de las tropas francesas inclina la balanza a favor de Felipe IV de España. En 1651 se pone sitio a Barcelona y tras un año de asedio la Diputación General reconoce a Felipe IV como rey y se rinde. Y en 1653 el rey confirma los fueros catalanes con algunas reservas.

No obstante, por el "Tratado de los Pirineos" de 1659 la corona francesa se anexiona el Rosellón, el Conflent, el Vallespir y una parte de la Cerdanya. Pero en la Catalunya francesa los fueros se derogan a partir de 1660 y se prohíbe el uso de la lengua catalana en la vida pública. Felipe IV negoció ese tratado sin consultar a las Cortes Catalanas ni a los afectados por el mismo. Los territorios afectados conspiraron durante años para volver a unirse al Principado y las autoridades catalanas también se resistieron a aceptar la partición.

Sin embargo, el ocaso de la Corona de Aragón como instauración viva fue paulatino. Porque a partir de los Reyes Católicos fue lentamente desapareciendo, primero como realidad política y finalmente la entidad institucional. Con la creación del *"Consejo de Aragón"* (1494) y del *"Consejo de Italia"* (1555), se transformará en profundidad su antiguo carácter y sus Estados se irían distanciando cada vez más en el nuevo contexto de la Corona de España. Pero a principios del siglo XVIII, tras la victoria de Felipe V en la guerra de Sucesión y la pérdida de los dominios italianos, sería definitivamente liquidada con la supresión del Consejo de Aragón y la abolición de los fueros y demás peculiaridades políticas de los territorios que la conformaban (1707 y 1716).

INTERVENCIÓN DE ARAGÓN EN LA GUERRA DE SECESIÓN CATALANA

Pero en el momento que el reino de Aragón se enfrente al serio problema que suponía el comienzo de la guerra de Cataluña, serán los dos factores que se muestren como definidores de su postura: por un lado la imposibilidad real de hacer frente a la presión de la Corte de Madrid, ante la imperiosidad de los acontecimientos; mientras que por otro lado, lo que ahora se ponía en juego era la defensa del propio reino, frente a las agresiones invasoras de las tropas franco-catalanas. Aunque en cuanto a la actitud de los aragoneses ante el conflicto variaría en función de dos criterios seguidos: de la situación geopolítica del reino y de la defensa de los intereses de quienes lo componían. Pero siempre considerando dichos criterios desde los diferentes estamentos de que se componía el reino.

Sin embargo, para estudiar la postura del reino ante el conflicto catalán es interesante considerar el punto de vista que a tal efecto nos proporciona Elliot, referente a la situación entre los diferentes países que componían la Corona de Aragón, "Una de las mayores suertes de la Casa de Asturias fue que los Estados de la Corona de Aragón, difíciles por separado, no acudieran jamás en ayuda los unos de los otros en los casos de emergencia, y no presentaran jamás un frente unido. Pero este fracaso, que refleja extraordinario provincianismo de catalanes, aragoneses y valencianos en los años que siguieron a la unión de las Coronas, fue posiblemente la salvación". Porque de la antigua Corona de Aragón, apenas quedaba nada, el distanciamiento había sido paulatino, y especialmente acusado en los dos últimos siglos (XVI-XVII); sus interese respectivos se habían diferenciado y las actividades socioeconómicas marcaban en ellos diferentes pautas.

No obstante, tal situación de disparidad habremos de enclavarla en el momento histórico a que nos estamos refiriendo. Y/a que mientras que por un lado no se sentía el reino identificado con una política que ni él había creado ni la búsqueda de soluciones había participado, sin embargo, aislado y preocupado de su propia subsistencia, soportaba presiones fiscales cada vez mayores. Sin duda, ante esta situación, el concepto de patriotismo habremos de entenderlo simplemente como el afán de defender el terruño que trabajan para darles de comer y en el que habían nacido. Por eso, no es de extrañar, entonces, que apremiados por los servicios con los que habían de servir a las necesidades de la monarquía, y agobiados por sus propias necesidades, sintieran cierta apatía por lo que aconteciera el margen de los que realmente moverán un mayor número de recursos, será cuando sientan sus propias fronteras y tierras invadidas y saqueadas. Seguramente por el mismo hecho la colaboración prestada para la defensa del reino, sería diferente de unos lugares a otros.

Por todo lo anterior, podemos afirmar pues, que la postura del reino se vería fundamentalmente condicionada por la situación estratégica de Aragón. Sin duda alguna, los aspectos geopolíticos eran esenciales dentro de los planes de la monarquía de los Asturias, y sobre todo desde que el peligro francés se situaba en los umbrales y dentro de la Península, desde 1635, y sobre todo a partir del sitio de Fuenterrabía (1638). Pero tengamos siempre presente que el conflicto catalán, motivado por la creciente disconformidad entre la Corona y el principado, iba a ser utilizado con prontitud para otros fines, de objetivos mucho más amplios, enclavados en la guerra de los Treinta Años, y que se concretaban en la guerra franco-española, abierta desde 1635, pero diplomática y encubierta desde años antes.

Sin embargo, el reino de Aragón durante la guerra, sirvió con los elementos humanos y materiales que le fue posible, pese a su exigua capacidad. Ahora bien, el cumplimiento de los nuevos servicios, fundamentalmente desde Cataluña, las constantes requisas, movilizaciones de hombres, creciente inseguridad interna; todo ello con los correspondientes desequilibrios sociales y económicos acabarían de sumir al reino en una profunda postración, de la que tardarían muchos años en empezar a levantarse. Aunque hemos de considerar, por otra parte, que el sucesivo desgaste del reino, hizo que las posibilidades fueran disminuyendo paulatinamente, como se irá manifestando en la merma, cada vez más acusada, de los servicios que se demandaban.

No obstante, durante dicho proceso, que habría de desarrollarse durante un período de 12 años, se pueden contemplar tres momentos bastante diferenciados:

a) En un primer momento, los aragoneses harán de intermediarios, con el fin de intentar salvar la armonía rota. La entrada de Francia en el conflicto decidiría definitivamente la participación de los aragoneses en el conflicto, al lado de Felipe IV; pero las actividades de las corporaciones aragonesas ya habían dado comienzo a finales de 1641, ante los *consellers* y diputados de Cataluña.

Pero, la ciudad de Zaragoza envió a don Antonio Francés, que como nos relata Melo, era "caballero noble y suficiente. Partió a Barcelona por la posta; fue recibido no sin cortesía; negoció cercado siempre de asechanzas, porque los catalanes, con algún escándalo del reparo de Aragón, a quien habían convidado, sospechaban mal de aquellos oficios con que nuevamente se les ofrecían". Pese a sus proposiciones de actuar como mediador entre catalanes y la Corte, ante la Diputación catalana, su misión no tuvo éxito, sino que por el contrario los catalanes le invitaron a que permitieran la entrada del "ejército Cataluña", con el fin de librarse ambos del gobierno de Castilla. Al mismo tiempo, interesantes fueron las gestiones del mismo virrey de Aragón, duque de Nochera, cuyos intentos pacificadores y actitud supondría la falta de confianza de Madrid, y su posterior confinamiento bajo la acusación de infiel al rey.

b) Después de los infructuosos intentos de la política de pacificación y sintiendo el inminente peligro en sus fronteras, Aragón se veía impelido de organizar precipitadamente su defensa, la "defensa propia" de la que nos habla Juan José Porter en sus "Anales". Es en este momento cuando en el reino el carácter defensivo adquiere una dimensión completa: determinada su postura a favor de Felipe IV, y presentándose como puente hacia Castilla, el reino de Aragón tenía que sufrir a los franco-catalanes en su propio suelo, viéndose obligado a impedir el avance de éstos.

Pero en el año 1641, y a instancias del duque de Nochera, aún virrey del reino, se convocaban unas Juntas reunidas en Zaragoza, las cuales decidirían la movilización general del reino, traducida en un levantamiento de 4800 hombres, que había de mantenerse por un periodo de tres años. De estas Juntas, reunidas en Junio, no se supieron sus primeras conclusiones hasta septiembre; mientras tanto, tras el fracaso de las fuerzas reales en el sitio de Barcelona y batalla de Montjuic, el mariscal La Móte, disponía un plan de ataque sobre Aragón, cuyo fin era organizar diversas incursiones por las tierras del mismo. Pero el condado del Ribagorza y, sobre todo, La Litera fueron las zonas escogidas. Los invasores entraron en la villa de Tamarite, en donde "vivieron a discreción un par de días"; poco después llegaban hasta las puertas de Monzón, de donde debieron de retirarse para satisfacer otros planes en tierras catalanas. Todo ello aconteció antes de que culminaran las Juntas, por lo que la defensa la hubieron de realizar los mismos naturales, si bien iban llegando unos primeros y escasos refuerzos.

Ya el año de 1642, se reunían unos mayores contingentes de gente. De especial importancia fue la contribución de la ciudad de Zaragoza, que ante la nueva invasión francesa al condado de Ribagorza y La Litera, aportaba 1500 hombres, infantes, más 400 caballos, y poco después, ante la insuficiencia numérica de hombres aportados por el reino, lo haría con 1000 más.

Fue este año más duro y triste que tuvieron que sufrir los aragoneses. De nuevo con la campaña de primavera los franceses y catalanes, tras saquear Tamarite y un elevado número de lugares, correspondientes a la ribera del Cinca, llegaba el ejército a la villa de Monzón. Era ésta la más importante plaza de la frontera con Cataluña; rendida la villa, el asedio de su castillo fue muy duro y sangriento. T. Olivero de Castro asegura que incluso en las formaciones francesas, figuraban un gran número de hugonotes, por lo que, debido a su odio con la religión católica robaban y profanaban los templos.

Posteriormente, a finales de junio y primeros de julio, continuaba a la invasión por las derivaciones pirenaicas, ocupando Estadilla y Benabarre, así como la mayoría de los lugares de Ribagorza. Antes de la conquista de Monzón se decía que ya habían caído en poder del enemigo más de 200 lugares "y casi todos los ha quemado y saqueado".

SIGLO XVIII

La abolición de las instituciones y fueros del Reino de Aragón.

A la muerte de Carlos II acontece la sucesión de Felipe V (1700) por lo que se instala en el trono hispánico la Casa de Borbón, que sustituye a los Habsburgo. Esto provoca la formación de la "Gran Alianza de La Haya" (Inglaterra, Provincias Unidas, Sacro Imperio Romano Germánico) a favor del archiduque Carlos de Austria. Comienza la "Guerra de Sucesión Española".

En un principio Cataluña acepta a Felipe V, que había jurado guardar sus fueros, pero las clases dirigentes catalanas fueron desconfiando debido a las formas absolutistas y de tendencia centralista del nuevo monarca, y de una política económica pro-francesa.

Finalmente y tras una etapa de hostilidad y oposición, el Principado de Cataluña y toda la Corona de Aragón, a excepción del Valle de Arán y de algunas ciudades, se alían mediante el "Pacto de Genova" en la "Gran Alianza de La Haya". Castilla y Navarra siguieron a favor de Felipe V. En cambio, en la Corona de Aragón e instalado en Barcelona, se reconoció como rey a Carlos III. Como hemos comentado el apoyo al archiduque no fue unánime. Hubo ciudades como Cervera que permanecieron fieles a Felipe V, pero el apoyo en general fue mayoritario.

La guerra fue desarrollándose en Europa y la Península Ibérica. Inglaterra se conformó con la obtención de nuevas bases navales (Gibraltar y Menorca) que les proporcionaban el dominio del Mediterráneo. Y además apoyando a los Austrias menoscababa el inmenso poder territorial y económico del imperio español.

Al final la causa de Carlos perdió apoyos, hasta tal punto que el propio Carlos perdió interés, al heredar la corona de Austria. Los tratados de Utrecht (1713) y Rastatt (1714) dejaron a la Corona de Aragón sola contra el gran ejército de Felipe V, compuesto por efectivos de diferentes nacionalidades y también de catalanes. A pesar de la férrea resistencia enfrentada, el territorio catalán fue invadido y Barcelona capituló el 11 de septiembre de 1714. Aragón y Valencia ya lo habían hecho en 1707.

La aplicación de los "Decretos de Nueva Planta" (Aragón y Valencia en 1707 y Cataluña en 1716) abolieron las instituciones y libertades civiles de la Corona de Aragón y supusieron la implantación de gran parte de las instituciones castellanas. Pero hay que recordar que el derecho civil catalán y el aragonés fueron respetados por el nuevo monarca.

Los territorios de la Corona de Aragón cambian su estructura territorial y administrativa. Copian la estructura castellana, excepto el Valle de Arán y se introducen figuras como el catastro y otros impuestos. Se centralizan todas las universidades catalanas en las de Cervera, como agradecimiento real a su posicionamiento durante el conflicto y para controlar más y mejor a las elites ilustradas. Esa situación excepcional en la cultura universitaria se prolonga hasta 1842.

RECUPERACIÓN ECONÓMICA

Aunque todo lo comentado podría llevar a otra conclusión, Cataluña logra a lo largo del Siglo .XVIII una notable recuperación económica. A todo ello se une un crecimiento demográfico importante, un aumento de la producción agrícola y una reactivación comercial sobre todo gracias al comercio con América, que se liberaliza para los catalanes a partir de 1778.

Estas transformaciones enmarcan la crisis del "Antiguo Régimen" y allanan el camino para la inminente industrialización que comienza inmediatamente alrededor del comercio del algodón y del resto de las industrias textiles.

A finales del siglo las clases populares comienzan a notar los efectos del comienzo de la proletarización. En la década de los años noventa empiezan conflictos fronterizos con Francia que derivan de las consecuencias de la reciente Revolución Francesa.

La incidencia de guerras revolucionarias.

Desde el inicio de la Revolución Francesa, en el año 1789, se conmovieron las estructuras del país vecino y las mentalidades tradicionales del continente, un gran número de refugiados franceses –aristócratas, y jerarquías eclesiásticas, burgueses y menestrales- se instalaron en Cataluña y contribuyeron, de forma directa o indirecta a celebrar las tendencias sociales y políticas ya existentes de crítica al sistema señorial y feudal.

Pero en el 1793 comenzó la ampliación directa de Cataluña en el ciclo revolucionario pues la guerra contra la Convención Francesa –la Guerra Grande- iniciada con la invasión del Rosellón por las tropas del general Ricardos, duró dos años y comenzó con ella un largo intervalo de conflictos en la frontera o en el mar, y también en el territorio catalán mismo. La Guerra Grande produjo pérdidas humanas, daños a las propiedades y a las cosechas, y sobre todo en las zonas muy cercanas a la frontera, y un aumento de la presión fiscal debido a las muchas contribuciones de defensa.

La paz de Basilea en 1795 no duró mucho tiempo. Tras la firma del tratado de San Idelfonso en 1796 dos nuevas guerras, ahora en alianza con Francia y con Inglaterra, ocuparon los 1796 – 1802 y 1804 – 1808.

En 1808 comenzó la guerra de la Independencia de Española que no finalizó hasta 1814.

HISTORIA CONTEMPORÁNEA DE CATALUÑA

La Historia Contemporánea de Cataluña se inicia en el siglo XIX al mismo tiempo que la guerra de la Independencia Española que se inicia en el 1808 hasta el 1814.

Al nivel institucional es un hito destacado de la construcción del estado liberal en España y la consiguiente crisis del sistema y el antiguo régimen.

A nivel económico, Cataluña a diferencia del resto, exceptuando el País Vasco, realiza de forma sorprendente la revolución industrial durante el siglo XIX.

A nivel cultural nace la *Renaixença*, un movimiento cultural catalán del siglo XIX. Su nombre surge de la voluntad de hacer renacer el catalán como lengua literaria y de la cultura, después de siglos de *"diglosia"* respecto del castellano (período llamado genéricamente) *Decadencia.*

A nivel político, el siglo XIX ve aparecer una fuerza ideológica: el considerado como el nacimiento del *catalanismo político*

.

GUERRA DE LA INDEPENDENCIA

La *"Guerra de la independencia"*, para los catalanes, o *"Campaña de España* "para los franceses, o *"Guerra de la Independencia Española"*, para los españoles, o la *"Guerra Peninsular"*, para los portugueses y los anglosajones, fue un conflicto bélico entre España y el Primer Imperio Francés, que se inició en el 1808 con la entrada de las tropas napoleónicas, y que concluyó en 1814, con el regreso de Fernando VII de España al poder. En el análisis de los hechos militares, no se puede hablar exclusivamente de un enfrentamiento de los ejércitos francés y español, sino que existe una importante presencia de la guerra de guerrillas, en una dimensión desconocida hasta aquel momento.

Pero las primeras tropas francesas entran en España por Cataluña el10 de febrero de 1808, comandadas por el general Guillameue Philibert Duhesme. Posteriormente entran las tropas de Joseph Chabraun, que ocupan el Castillo de San Fernando de Figueras, Honore Reille y Laurent Gauvion Seint-Cyr. El 13 de febrero de 1808 las tropas de Duhesme y Giuseppe Lechi entran en Barcelona, con 5427 hombres y 1830 caballos. Teóricamente debían permanecer tres días en la ciudad haciendo parada de camino a su destino final Cádiz, pero el 29 de febrero los franceses ocupaban por sorpresa la Ciudadela y el Castillo de Montjuic. En abril de 1808 Napoleón tras coger la abdicación de Carlos IV y Fernando VII en Bayona, nombró rey a su hermano José I Bonaparte.

Sin embargo, en Cataluña empezaron enfrentamientos locales: quema del papel sellado en Manresa o Constitución de la Junta de Gobierno y Defensa en Lérida. Los días 6 y 14 de Junio se dan los primeros incidentes bélicos importantes en la Batalla del Bruch, y se producen las primeras victorias sobre los ejércitos napoleónicos. Las tropas francesas son derrotadas en la batalla de Bailen en julio e inician el bloqueo de Barcelona, que es respondido por las fuerzas de Lauren Gouvion Saint-Cyr que se encontraban en el Ampurdán para tomar Gerona –habiendo fracasado en dos ocasiones, en junio y julio-, y derrotan a Juan Miguel de Vives y Feliu en la batalla de Llirens y entra en la capital de Cataluña el 17 de Diciembre de 1808. Con el frente establecido hasta la batalla de Valls, el 25 de febrero de 1809, las victorias napoleónicas sobre el ejército español permiten que el 26 de febrero las tropas francesas entren en Reus. La muerte de Leopoldo Redieg hará que Antonio Malet tomé el ejército español en Cataluña interinamente, después Gerona, defendida por el general Álvarez de Castro, fue sitiada por Saint Cyr entre mayo y diciembre de 1809. El 10 de diciembre, pero no capitula ante el nuevo jefe de las tropas francesas, el mariscal charles Pierre François Auge gran duque de Castiglione.

En abril de 1810, se inicia el asedio de Lleida, defendida por el general Juan García Conde con el apoyo de las divisiones del general O´Donell. Ese año la actividad guerrillera comienza a tomar fuerza. En enero de 1811, cae Tarragona, después de un asedio terrible y de que el marqués de Campoverde abandonara la ciudad con al escusa de ir a buscar más tropas para defender la ciudad, orden que popularmente se cree que nunca se dio, por lo que asume el mando el general Juan Senén de Contreras, que esperaba la llegada por mar de los refuerzos del Coronel británico John Skerrat, pero al llegar esta, por cobardía, se negó a intervenir al ver la situación de la Plaza y los franceses recuperan el 19 de Agosto (día de San Magí en Tarragona) el Castillo de San Fernando, que el tercio de Migueletes en Gerona había tomado el 11 de abril. A finales de 1811 se puede considerar que Cataluña está totalmente ocupada por los francés. A comienzos de 1812 se procede a la anexión de Cataluña dentro del Imperio napoleónico, dividida administrativamente en los departamentos del Ter, de Montserrat, del Segre y del Ebro.

No obstante, a mediados de 1812 el curso de los acontecimientos militares es desfavorable a los franceses. A escala europea Napoleón sufre fuertes derrotas en Rusia y Wellington al mando de las tropas aliadas (españolas, inglesas y portuguesas), comienza a obtener victorias en la península Ibérica, concretamente con la victoria en la batalla de Arapiles (Salamanca) que marcó el inicio de la retirada francesa. Las Cortes de Cádiz proclamaron el 19 de Marzo la Constitución Española de 1812, de carácter liberal. El general Luis de Lacy es designado por regencia nuevo Capitán General de Cataluña, y las Cortes reemplazan a Lacy por Copons en febrero de 1813. En Cataluña, las tropas de Luis Gabriel Sachet, venidas desde Valencia quedarían hasta el final del conflicto. Se mantendrá en Barcelona y marcharía ordenadamente hasta Francia Instalándose primero en Gerona y después en la línea del río Fluviá. El general Habert mantuvo el dominio de Barcelona hasta después de la caída de Napoleón. Finalmente, el 28 de mayo de 1814, Barcelona es libertado de los franceses. Cataluña es la zona de la Península ocupada más tiempo, pero sin estarlo del todo. Las tropas francesas, dominaban villas y ciudades, pero no las zonas rurales, lo que supuso un constante desgaste para las tropas napoleónicas. Al regreso de Fernando VII, un grupo de diputados absolutistas y la derogación del sistema absolutista le presentaron el manifiesto de los persas, en el que le aconsejaban la restauración del sistema absolutista y la derogación de la Constitución elaborada por las Cortes de Cádiz en 1812.

Cataluña bajo la administración francesa: Los Departamentos de Cataluña.

Por decreto de Napoleón de 26 de enero de 1812 y hasta el final de la guerra, en mayo de 1814, Cataluña quedó incorporada al Imperio Francés se dividió el territorio en cuatro departamentos a la francesa:

- Ter, capital Gerona.
- Segre, capital Puigcerdá. Incluido el principado de Andorra y excluido el Valle de Aran incorporado al departamento de Alta Gerona.
- Montserrat, capital Barcelona.
- Bocas del Ebro, Capital Lérida incluidos los municipios de Fraga y Mequinenza.

La crisis de la monarquía absoluta

La economía catalana había sido seriamente afectada por las guerras del final del siglo XVIII y principios del XIX que producen gastos extraordinarios sin incrementos proporcionales en la tributación ordinaria, y deprimen la actividad económica y, por tanto motivan la caída de la recaudación. Los desequilibrios se hacen muy grandes y el estado tiene que recurrir al endeudamiento masivo. El período de guerras que se inició en España en 1793 presentó una situación de esta naturaleza, agravada por la misma continuidad de los conflictos.

Así en 1793 a 1807 el gasto anual del Estado se duplicó, mientras que los ingresos interiores se mantuvieron estables y el aumento de las transferencias de los territorios americanos del Imperio no llego a alcanzar los equilibrios perdidos. La traducción más patente fue la emisión masiva de vales reales –a medio camino entre dinero fiduciario y títulos de la deuda-, que se depreciaron rápidamente y el endeudamiento.

La movilización de la tierra.

Un último conjunto de medidas produjo la desamortización de las tierras de la Iglesia. Desde 1820 y hasta 1823 –Trienio Liberal- tuvo lugar una gran parte de las cuales pasaron a particulares. Pérdidas a raíz del establecimiento del absolutismo, fincas que volvieron a los antiguos compradores en 1835 con la definitiva instauración del régimen liberal. Las ventas se reanudaron tras las nuevas medidas desamortizadoras de Juan Álvarez Mendizábal en 1836 y 1837.

Esta gran movilización de la riqueza rústica desde las antiguas *"manos muertas"* a las *"manos vivas"* de los compradores particulares, fue acompañada por aplicación de nuevos criterios de gestión más racionales. De todos modos, también la propiedad eclesiástica en Cataluña resultaba inferior a la de otros territorios españoles. Las diócesis castellanas, por ejemplo, tenían rentas modestas, excepto las de Tarragona, Barcelona y Lérida que tampoco eran comparables a las castellanas. Pero la comparación con el resto de España confirma la escasa transcendencia a la de la desamortización en Cataluña donde el conjunto de las tierras afectadas por las desamortizaciones no llegaba al 5% del valor atribuido a la totalidad de los de España. La desamortización eclesiástica contribuyó, junto a la desvinculación, a hacer efectiva una amplia movilización de la tierra y el desarrollo de las relaciones mercantiles en la agricultura. Paro en Cataluña sólo afectó en la agricultura a un número limitado de propiedades y consolidó el dominio de los campesinos. Las leyes liberales facilitarían a los enfiteutas la plena y absoluta propiedad mediante la rendición de los censos reducidos a cantidades muy pequeñas por el paso del tiempo y la pérdida de valor de la moneda.

En otras modalidades de cesión de la tierra, como la del contrato de *cepa muerta* para la plantación de la *vid,* también muy grande la estabilidad del establecimiento agrario. En ese último caso, sin embargo, las leyes del periodo liberal, tendieron a impedir la perpetuidad de los derechos de los campesinos.

REINADO DE ISABEL II DE ESPAÑA

Pero la *"construcción del estado liberal en España"* comenzó a partir de la muerte en 1833, de Fernando VII, monarca absolutista. No obstante, este proceso llegará hasta la revolución de 1868, Se narra, pues, el complejo e imperfecto proceso de modernización de las estructuras sociales y de la transformación de España en un sentido liberal y constitucionalista. Las condiciones institucionales propias de una economía de mercado moderna quedaron finalmente establecidas, superándose, pues, la sociedad de Antiguo Régimen.

Ya entrado el siglo XIX, a las dificultades para el mantenimiento del orden tradicional después de un gran período de expansión, se sumaba la creciente resistencia campesina a la aceptación de los mecanismos de transferencias de renta hacia los señores y los efectos desequilibradores producidos por la implicación catalana y española en el ciclo de las guerras revolucionarias.

De esta forma en 1793 a 1807 el gasto anual del Estado se duplicó, mientras que los ingresos interiores se mantuvieron estables y el aumento de las transferencias de los territorios americanos del Imperio no llego a alcanzar los equilibrios perdidos. La traducción más patente fue la emisión masiva de vales reales –a medio camino entre dinero fiduciario y títulos de la deuda-, que se depreciaron rápidamente y el endeudamiento.

El estado liberal y la instauración del capitalismo.

La entrada de los ejércitos franceses en 1808 y la guerra hasta la victoria y el regreso del rey Fernando VII constituyen un potente acelerador histórico.

Las Cortes reunidas en 1810, procedieron a definir nuevas estructuras políticas y a redactar la primera Constitución Española en 1812.

CARLISMO

Sin duda alguna, el *carlismo* fue un movimiento político ultra conservador, que pretendía establecer una rama alternativa de los Borbones en el trono de España.

No obstante, ideológicamente, el carlismo es tradicionalista, antiliberal y reaccionario. Nació en 1833 y su línea de Dios- Patria –fueros –rey, hoy lo refleja y actualizan como Federalismo - Socialismo – Autogestión. Su apoyo social provenía tradicionalmente de las áreas rurales, dado que muchos agricultores veían amenazada su forma tradicional de vivir con la entrada de los principios economías tradicionales en el campo, debido a las sucesivas desamortizaciones y a los constantes intentos de privarles de los bienes comunales. El apoyo del bajo clero al primer movimiento Carlistas también, fue considerable, para su defensa de un catolicismo militante, dada la oposición de la Iglesia a la libertad de culto y la laicidad del Estado.

GUERRAS CARLISTAS

Sin embargo, a lo largo del siglo XIX se dieron en España tres *"Guerras Carlistas"*, origen del movimiento carlista

- *Primera Guerra Carlista* (1833 – 1839) se inició a la muerte de Fernando VII. Este conflicto enfrentó a los Carlistas de Carlos María Isidoro, hermano del monarca fallecido, y los isabelinos o cristianos, defensores de los derechos de su hija Isabel II, resultado de la proclamación de la Pragmática Sanción (1830), que había abolido la ley sálica de los Borbones, según la cual la sucesión debía ser siempre masculina.

- *Segunda Guerra Carlista* (1846 – 1849), tuvo lugar exclusivamente en Cataluña, donde se llamó también *Guerra dels Matiners.*

- *El Alzamiento Carlista* de San Carlos de la Rápita u Ortegada, un intento de golpe de estado protagonizado por el general *Jaime Ortega y Olleta* en *1860.*

- Durante la *Tercera Guerra Carlista* (1872 – 1876), las fuerzas carlistas llegaron a ocupar algunas ciudades de la Cataluña interior. Isabel II de España estaba en el exilio y el rey Amadeo I, monarca desde 1871, no era muy popular. Carlos VII, nieto de Carlos María Isidoro de Borbón, prometió a los catalanes, valencianos y aragoneses la devolución de las guerras y las constituciones que había abolido Felipe V.

SEXENIO DEMOCRÁTICO

El "Sexenio democrático o sexenio revolucionario es un periodo histórico comprendido entre la revolución de1868, que supuso el fin del reinado de Isabel II de España y la Restauración de la dinastía borbónica en enero de 1875. Esta etapa de la historia española puede considerarse un hecho homólogo a la primavera de los pueblos que vivieron las naciones europeas de mediados del siglo XIX, llegada, como muchos hechos o corrientes, con un cierto retraso a la península.

LOS INICIOS. Revolución de 1868

Pero en el año 1866, todo un conjunto de opositores al régimen monárquico a Isabel II acordaron el llamado tratado de Ostende, tratado con el que pretendían acabar con la dinastía borbónica así como su contemporáneo gobierno corrupto de Narváez. Aunque como resultado de este pacto en septiembre de 1868, en Cádiz, se inicia la conocida revolución de 68, también llamada "La Gloriosa". Pero aparte de ser un levantamiento militar liberado por Juan Prim y Francisco Serrano, hay que tener presente el apoyo de la población ya que en muchos pueblos la ciudadanía ocupó las calles con el grito de "Mueran los Borbones". Sin duda habiendo triunfado el levantamiento y después de la redacción de la Constitución de 1869, la Constitución más liberal del siglo XIX, enseguida surgió el problema de en qué figura debía recaer la monarquía Española. Por último, Amadeo de Saboya, miembro de la familia real italiana que había llevado a cabo la reunificación de su estado, fue elegido como nuevo monarca constitucional es decir, rey que reina, pero que no gubernamentales el 1871. Sin embargo, el reinado de Amadeo le llevará hasta el 1873, momento en que abdicó en virtud de la falta de apoyo de los diferentes partidos políticos de las sublevaciones populares decepcionados, además de la tercera carlista la cual había sido detonada por su elección como rey en vez del presidente carlista.

JUAN PRIM Y AMADEO DE SABOYA

Aunque Delgado ofreció la corona al duque de Aosta, hijo del rey de Italia, y a Leopoldo de Hohenzollern, que rechazaron la oferta. Entonces Prim a un sobrino del rey de Italia y el duque de Génova, y contó con el apoyo de Topete a cambio de prometerle que el rey se casaría con una de sus hijas de Montpensier. La candidatura fue votada en las Cortes obteniendo 128 votos y contra 52. Pero el duque de Génova finalmente rechazó el trono. Propuso Prim la independencia si así lo decidía el pueblo cubano en referéndum, una amnistía, para los patriotas cubanos y una compensación en España garantizada por Estados Unidos. El Proyecto que hubiera saneado la Hacienda, encontró fuerte oposición y nunca se llevó a cabo: Delgado ofreció la corona a Espartero, duque de la Victoria, a pesar de saber que la rechazaría, como así ocurrió. Se volvió a insistir con el principio de Hohenzollen que finalmente acepto si era votado por dos tercios de las Cortes (Delgado había hecho aprobar una ley que requería mayoría absoluta, pero el príncipe llegó cuando ya las Cortes habían cerrado. La oposición francesa, por otra parte, hizo que el príncipe no renovara su aceptación. Delgado llegó a ofrecer la corona a Amadeo Duque de Aosta quien puso como condición la conformidad de las potencias europeas y una vez conseguida ésta, aceptó. El 26 de noviembre de 1870. Amadeo (conocido generalmente como Amadeu de Saboya) era elegido por 191 votos como rey (Amadeo I) El 27 de diciembre salió Amadeo hacia España.

Amadeo I de España (Turín, Italia 30 de Mayo de 1845 - Reino de Cerdeña-Piamonte, 18 de enero de 1890, Príncipe de Italia con el tratamiento de alteza real que se convirtió en el rey de España desde el 1871 hasta el 1873 como consecuencia de ser elegido por las cortes de Sexenio Revolucionario.

Nacido en la ciudad de Turín el 30 de Mayo de 1845, siendo el segundo hijo del rey Víctor Manuel II de Italia y de la archiduquesa Adelaida de Austria. Amadeu ese nieto del rey Carlos Alberto de Cerdeña y de la archiduquesa María Teresa de Austria –toscana por vía paterna mientras que por vía materna lo era del archiduque Rainiero de Austria y de la princesa Isabel de Saboya-Casignano.

Después de la revolución de 1868 en España se le proclamó una monarquía continental, pero hubo serias dificultades, por el cambio del régimen, a encontrar un rey que aceptara el cargo. España en aquel tiempo era un país pobre y convulso. Finalmente el 16 de noviembre de 1870 con el apoyo del sector progresista de las Cortes y de los carlistas. Amadeo de Saboya fue elegido rey como Amadeo I de España sucediendo a Isabel II.

La figura de Amadeo era vista con predilección por la clase progresista española. Hijo de un rey liberal llamado "*Galant.*". Hombre que había decidido la unificación italiana a buen puerto. Finalmente, fue después de muchas discusiones, elegido duque de Aosta, como rey de España, Mientras Amadeo viajaba a Madrid para tomar posesión de su cargo. El general Juan Prim su principal valedor, murió asesinado. Tras ello Amadeo tuvo serias dificultades debido a la inestabilidad de los gobiernos, las conspiraciones republicanas, los levantamientos carlistas, el separatismo de Cuba, las disputas entre sus propios aliados y algún intento de asesinato, Por todo ello su reinado duró tres años, Abdicó por iniciativa propia el 11 de febrero de 1873, volviendo a Italia donde asumió el título de duque de Aosta. A su marcha se proclamó la Primera República Española.

LA PRIMERA REPÚBLICA ESPAÑOLA.

Sin duda, la *"Primera República Española"* (febrero de 1873-enero de 1874) fue el primer período en la historia de España en lo que la elección, tanto del Jefe del Estado como el jefe del Gobierno será democrática. El rey Amadeo de Saboya abdicó el 19 de febrero de 1873. Al mismo tiempo el pueblo de Madrid tomó los principales puntos de la ciudad en apoyo de los diputados republicanos que consiguieron el día siguiente de la Proclamación de la República unitaria (un único gobierno para todo el país) y los que querían una república unitaria para todo el país la república federal (estados autonómicos que se ponen de acuerdo para crear un estado de rango superior) Desde febrero hasta junio la presidencia reúne en Estanislao Figueras, hombre relativamente débil, a quien apoyaban los unitarios. En junio, la corte constituyente, que prepararse una nueva Constitución Republicana Federal, nombran presidente a Francisco Pi y Maragall (republicano federal) Este resultó ser un valioso intelectual, pero sobrepasado por los acontecimientos. Hasta 1931 los republicanos españoles, celebraban el 11 de febrero el aniversario de la Primera República , posteriormente la conmemoración de la proclamación se trasladó al 14 de Abril, aniversario de la Proclamación de la Segunda República, desde ese día 1932 y 1938 fue fiesta nacional.

RESTAURACIÓN MONÁRQUICA

No obstante, la *"Restauración borbónica"* fue período de la historia de España comprendido entre el pronunciamiento del general Arsenio Martínez Campos en 1874 que puso fin a la Primera República el 14 de abril de 1931.

Pero el pronunciamiento de Martínez Campos en 1874 restableció la monarquía y la dinastía borbónica en el hijo de Isabel II el rey Alfonso XII de España. Este período se caracteriza por una cierta estabilidad constitucional, la conformación de un modelo liberal de Estado y la incorporación de los movimientos sociales y políticos fruto de la revolución industrial que comienza su decadencia con Miguel Primo de Rivera en 1923.

Sin embargo, a república se encontró con un gran número de dificultades, en primer lugar, la gran mayoría de políticos y de la población desconfiaban, mientras que la jerarquía eclesiástica, los carlistas y otros conservadores estaban claramente en contra; por otra parte, los campesinos vieron en la república la posibilidad de una reforma agraria, que los gobiernos republicanos no la plantearon y los obreros salieron a ocupar las calles; a todo esto hay que añadir además las confrontaciones entre los republicanos unitarios, y federalistas y cantonalistas así como el intento de Cataluña dentro de la república Federal Española.

Ahora bien, como resultado, en enero de 1874, Manuel Pavía dio un pronunciamiento entregando el poder al general Francisco Serrano, quien gobernó de forma dictatorial durante 12 meses, finito este tiempo, Arsenio Martínez Campos, realizó un golpe de Estado en Sagunto, y el 29 de diciembre de 1874 se proclamó rey Alfonso XII, hijo de Isabel

II, con la que volvía a la monarquía borbónica que inició la época de la Restauración.

LA REVOLUCIÓN INDUSTRIAL EN CATALUÑA

La "Revolución Industrial de Cataluña", o la era del vapor, se produjo entre 1840 Y 1891, lo que convirtió a Cataluña", en uno de los territorios de mayor dinamismo industrial y le permitió incorporarse al grupo reducido de las regiones europeas que alcanzaron entre 1860 unos niveles de industrialización elevados. Esto fue posible por el renacimiento económico que experimentó la sociedad y la economía catalana durante el siglo XVIII.

Pero sin duda, el aumento de la demanda y la transformación del sistema productivo, con una movilización importante de iniciativa, trabajo y capital fueron elementos centrales.

NACIMIENTO DEL CATALANISMO CULTURAL: LA RENAIXENCA

P3ro la cabecera de *La Renaixença* fue designada para Lluís Domènech i Montaner en 1880 conjuga el escudo de Cataluña con el Ave Fénix. *La Renaixença* es un movimiento catalán del siglo XIX. Su nombre surge de la voluntad de hacer renacer el catalán como lengua literaria y de cultura después de siglos de diglosia respecto del castellano (periodo llamado genéricamente Decadencia). Es paralelo a otros similares, como *Rexurdimento galego.*

Sin embargo, a menudo se ha discutido la oportunidad del término Renaixença; se ha propuesto la necesidad de profundizar en el estudio de este mal llamado *Decadencia;* por otra parte se ha negado que sea entendida como una época y se subraya que es un movimiento cultural que dispone de estímulos iniciales en la década comprendida entre 1830 y 1840, pero que se desarrolla entre 1840 1880 cada vez es más evidente la urgencia de establecer el momento en que se emplea de manera sistemática la palabra *Renaixeça.*

Pero los conceptos de lengua y patria quedan equiparados por Herder en el romanticismo alemán. La Renaixença se consolida entorno de una burguesía alta que se encuentra en el romanticismo un interés por el propio pasado. Se revive un pasado glorioso durante la formación de las diferentes naciones europeas, en la Edad Media. En el transcurso del movimiento que conocemos como del Renacimiento, en referencia a la lengua, a la literatura y a la patria.

La primera vez que hay constancia del uso del término es cuando Pedro Roselló realiza un discurso como secretario de los juegos florales de 1869. En 1871, se fundó la revista quincenal la Renaixença para referirse a la patria y a las letras catalanas.

NACIMIENTO DEL CATALANISMO POLITICO

No obstante, el siglo XIX ve también la primera vertebración del catalanismo como un movimiento político. En este proceso hay destacados tres sectores principales.

- El republicanismo federal liderado por Valentí Almirall con la publicación del Diario Catalán y la obra *El Catalanismo.*
- La iglesia, a través del movimiento encabezado por Torras y Bages, y la colaboración de Jacinto Verdaguer. La publicación más destacada de este periodo es *La voz de Montserrat.*
- *Los intelectuales, mediante el grupo liderado por Ángel Guimerá* y la revista *La Renaixença.*

En el 1880 tiene lugar el Primer Congreso Catalanista, reclaman una escuela en lengua Catalana para transmitir la cultura y la lengua. Esta demanda tiene una primera respuesta E 1882 con la creación del centro catalán constituido por Valentí Almirall. En 1883 se reúnen en el Segundo Congreso Catalanista dando paso al primer acto oficial catalán al memorial de agravios tratado por un escrito pidiendo al rey Alfonso XII, ciertos privilegios políticos. Los componentes del Centro Catalán querían conseguir el apoyo de la burguesía al catalán, consiguiendo así el apoyo que buscaban en 1888, provechando la visita de la reina Regente en Barcelona para la Exposición Universal redactan el mensaje a la Reina Regente, pidiendo autonomía política de Cataluña.

En 1891 Se fundó la Unión Catalanista, pero no se presentaron a las elecciones, ya lo ven absurdo por las manipulaciones caciquistas y los pucherazos. Este partido redacto las bases de Manresa, un programa de autonomía política para Cataluña. Ángel Guimerá pronunció un discurso pidiendo el catalán como lengua oficial y acto seguido, la burguesía retiró su apoyo a este partido por identificar la demanda de la lengua con el republicanismo.

EL FEDERALISMO

Paralelamente al rebote del catalanismo, en todo el Estado surge una nueva manera de entender el Estado Español: el federalismo de Francisco Pi y Maragall, un catalán instalado en Madrid y uno de los presidentes de la Primera República Española fue el gran ideólogo del federalismo en España que definía que solo el pacto federal libremente establecido entre las diversas regiones españolas podía garantizar el respeto total a la realidad plural del Estado.

En Cataluña, en cambio, el federalismo fue una de las caras que adoptó el catalanismo político. Una ideología populista e interclasista, estrechamente relacionada con los inicios del movimiento obrero. El federalismo catalán vivió una época gloriosa el sexenio revolucionario. Durante este periodo se produjo una división entre federalistas, los moderados y los radicales exigían como paso previo a la igualdad la independencia, para poder decidir libremente la federación posterior. Los moderados preferían un federalismo impulsado por el gobierno central.

En 1873, a raíz de la proclamación de la Primera República Española un grupo de federales intransigentes intentarán, desde la Diputación de Barcelona proclamar el Estado Catalán.

VALENTI ALMIRAL Y EL CONGRESO CATALANISTA 1880

Seguramente en esta etapa inicial del catalanismo político, la personalidad más notoria es Valentí Almirall, quien participó activamente en vida política al lado de los federales intransigentes o radicales oponiéndose al centralismo, la oligarquía y la especulación. Almirall pretendía regenerar Cataluña de modo que represente en el resto del Estado, que imaginaba como una asociación de pueblos a modo de la Corona de Aragón. Almirall intentó unir las derechas y las izquierdas catalanistas, pero no lo consiguió porque existían demasiadas divergencias entre las dos corrientes. Impulsó el Primer Congreso Catalanista, que se celebró en 1880 en el que se conjuntó los diferentes grupos catalanistas: el federalismo republicano y la corriente política, el literario, el propulsor y la corriente apolítica, el literario y el propulsor de los Juegos Florales y de la revista *Renaixença* a abandonar el Congreso y rompiera el entendimiento, Sin embargo, el Congreso tomó tres acuerdos fundamentales: crear una entidad aglutinadora del Catalanismo –el Centro Catalán - , el comienzo de gestiones para constituir la Academia de la Lengua Catalana, - que tendría una coartada- y la redacción de un documento en defensa del catalán.

Con Posterioridad, Valentí Almirall impuso el Segundo Congreso Catalanista, que se declaró partidario de la cooficialidad del catalán en Cataluña, proclamó la existencia de Cataluña como realidad por encima de divisiones administrativas y condenó la militancia de catalanistas a partidos de ámbito estatal. Este último hecho impulsó la creación de partidos de ámbito únicamente catalán, inexistente hasta el momento. La época gloriosa del Centro

Catalán y de Almirall culminó con el memorial de agravios y la publicación de El Catalanismo.

En 1887, tras ser derrotado en las elecciones a la Junta Directiva el Centro Catalán, el sector más conservador se escindió y, junto con un grupo de universitarios llamado Centro Escolar Catalanista crearon la Liga de Cataluña, los dirigentes que, más tarde se integraron en otro partido político, la Liga Regionalista. Partiendo de su iniciativa se creó la Unión Catalanista, que englobaba diversas entidades unidas por el catalanismo, divididos en dos tendencias, la gente de la Renaixença, más culturalista y política; y la Liga de Cataluña más partidaria de participar en la vida política. Los catalanistas de izquierdas, Almirall y los federalistas, no formaban parte. La Unión Catalanista convocó una asamblea en Manresa en 1892, donde se congregó buena parte de la burguesía catalana conservadora. En esta asamblea se aprobaron las Bases para la Constitución Regional Catalana más conocidas como Bases de Manresa. Estas bases marcaban las pautas a seguir para una futura Constitución regional Catalana, es decir, un Estatuto. Estas bases expresaban los planteamientos del regionalismo conservador y tradicionalista opuesto al sistema parlamentario basado en el Sufragio Universal. La posterior actuación de la Liga Regionalista se fundamenta en estas bases.

SIGLO XX

EL CATALANISMO Y EL NACIONALISMO CATALAN

Sin embargo, en las décadas siguientes fue tomando cuerpo el catalanismo político, como culminación de un proceso de afirmación de la conciencia nacional catalana, las primeras formaciones del cual fueron debidas al político republicano Valentín Almirall. En 1901 se formó la liga Regional de Enric Prat de la Riba y Francesc Cambó, que impulsó La Solidaridad Catalana. En cuanto al movimiento obrero al final del siglo XIX se caracteriza en Cataluña por tres tendencias; el sindicalismo, el socialismo y el anarquismo, a los cuales se suma, a inicios del siglo XX el Lerrouxismo. Ello a que en las primeras décadas del siglo XX se distingan dos grandes líneas de fuerza, el catalanismo y el obrerismo.

El primero, bajo el liderazgo de Prat de la Riba, consiguió una primera plataforma de auto gobierno desde 1716: la Mancomunidad de Cataluña (1913-1923, presida primero por éste, y más tarde por Josep Puig i Clafach. El obrerismo encontró en el eurocosindicalismo la síntesis aglutinadora de analista y sindicalista, los dos sectores mayoritarios del movimiento obrero, y en la Confederación Nacional del Trabajo (CNT) la organización de combate para luchas por sus derechos.

SEMANA TRÁGICA.

Se llama Semana Trágica a los acontecimientos sucedidos en Barcelona y otras localidades catalanas, entre el 25 de julio y el 2 de agosto de 1909. El detonante de estos hechos fue la movilización de revisar para su envío a la zona de Melilla, donde el día 9 del mismo mes había comenzado la guerra de Melilla para muchos motivada exclusivamente por el descubrimiento del año anterior de unas minas propiedad de una sociedad controlada por el Conde de Romanones, el Marqués de Comillas y el Conde Güell. Esta movilización fue mal acogida por las clases populares, ya que, debido a la legislación de reclutamiento se podía quedar exento de la incorporación a filas mediante el pago de seis mil reales, cantidad que no estaba al alcance de los más pobres (el sueldo de un obrero de la época no era más de 5 pesetas o 10 reales al día). Por otra parte, los reservistas mayoritariamente ya estaban casados y con hijos a su cargo.

Pero en el gobierno de Maura el nuevo gobernador civil, Evaristo Crespo Azorín, lleva a cabo una represión durísima y, peor, arbitraría, en total, entre julio de 1909 y abril de 1910 fueron detenidas 1967 personas y 200 más fueron expulsadas a 300 kilómetros de Barcelona. Además, organizó un proceso militar contra 1925 individuos, de ellos 214 en contumacia de los cuales 469 fueron sobreseídas y 584 absueltos. Se dictaron 17 penas de muerte, pero solo 5 fueron aplicadas. Aunque siguiendo la acusación formulada en una carta que le dirigen los prelados de Barcelona, es detenido Francisco Ferrer Guardia creador de la Escuela Moderna, a quien acusaron de ser el instigador de la revuelta.. A pesar de las protestas internacionales, el 13 de Octubre del mismo año Ferrer es fusilado junto con Eugenio del Hoyo

Manjón, Antoni Malet Pujol, Ramón Clemente García y Josep Miquel Baró en el castillo de Montjuic. Ninguno de ellos había sido dirigente destacado durante la revuelta. Estos fusilamientos ocasionan una amplia repulsa hacia Maura en España y en toda Europa, con una gran campaña en la prensa extranjera, así como manifestaciones y asaltos a diversas embajadas, El Rey Alfonso XIII, alarmado por estas reacciones tanto en el exterior como en el interior destituyó a Maura y la sustituye por el liberal Segismundo Maret, tras los hechos de la Semana Trágica, la Barcelona anarquista recibe el apoyo de Rosa de Fuego.

MANCOMUNIDAD DE CATALUÑA.

La Mancomunidad de Cataluña fue una institución que agrupó las cuatro diputaciones catalanas. Barcelona, Gerona, Tarragona y Lérida. Se formó el 6 de abril de 1914, si bien el proceso para su creación comenzó en 1911. El Congreso de Diputados la aprobó, pero con competencias muy recortadas respecto al proyecto enviado por el Gobierno. En cambio, el Senado no lo hizo cerrando la vía legislativa. Finalmente el Gobierno necesitado del apoyo parlamentario de los catalanistas, se decidió por la vía del decreto que el 18 de diciembre de 1913 el rey firmó: el decreto de mancomunidades provinciales. La Mancomunidad respondía a una larga demanda histórica de los catalanes, en significar la federación de las cuatro diputaciones catalanas y en cierto sentido un retorno de la capacidad de la gestión administrativa de las antiguas Cortes Catalanas. Aunque debían tener funciones puramente administrativas y sus competencias no iban más allá de las de diputaciones provinciales, adquirió una gran importancia política representaba el primer reconocimiento por parte del Estado Español de la personalidad y de la unidad territorial de Cataluña desde 1714. La institución estaba integrada por una asamblea que reunía los noventa y seis diputados provinciales por Barcelona y veinte para las tres restantes y que se renovaba, pues, junto a estas. –por unidades, cada dos años, por sufragio universal masculino en razón de cuatro diputados por partido judicial- y por el Consejo formado por ocho consejeros y el presidente, fueran o no catalanistas. Fue presidida por Enric Prat de la Riba 1914-1917) y luego por Josep Puig y Calafalch 1917 – 1923, militantes ambos de la Liga Regionalista. A continuación lo hizo Alfons Sala (1923 – 1925 impuesto por Primo de Ribera en 1923). En general, la Mancomunidad llevó a cabo una importante labor de creación de infraestructuras de caminos y puertos, obras públicas, ferrocarriles, teléfonos, beneficencias o sanidad. También emprendió iniciativas para aumentar los rendimientos agrícolas y forestales introduciendo mejores tecnologías necesarias para la industria catalana.

NORMALIZACIÓN DE LA LENGUA CATALANA.

Por fin, a principios del siglo XX el catalán era la lengua mayoritaria y natural de la gente, pero no existía todavía un estándar ni unas normas. Además, Enric Prat de la Riba era consciente que de la cultura Catalana el Estado no se preocupa y las diputaciones tenemos que suplir esta deficiencia fomentando el cultivo y perfeccionamiento de la lengua. Cuando se creó el IEC se hicieron dos encargos a la Sección liderada por Pompeo y Fabra: sistematizar unas reglas de escritura y promocionar el catalán como lengua de uso científico, objetivos que se explicitaron durante la constitución del IEC publicó las normas ortográficas del IEC en 1913, dotando el catalán de una ortografía formal. Inmediatamente se generaron grandes y duros debates sobre algunas de las decisiones ortográficas tomadas (lo más encarnizado fue lo de escribir los plurales –es y no as), pero poco a poco se fueron aceptando. La Mancomunidad adopto enseguida el catalán de Fabra y lo promocionó: todas sus instituciones lo adoptaron como lengua vehicular, desde las diversas escuelas de educación profesional hasta las escuelas de primaria. En 1916 la Mancomunidad de Cataluña envió una petición oficial, adjuntando un detallado programa de normalización lingüística. La propuesta provocó quejas y presiones de la Real Academia Española, hasta que el entonces presidente el conde de Romanones, dijo que nunca daría este reconocimiento al catalán porque se usaba como emblema político.

REINADO DE ALFONSO XIII, y DICTADURA DE PRIMO DE RIVERA

Las cuatro columnas, en Montjuic Barcelona En 1928 Primo de Rivera hizo derribar las cuatro columnas de Montjuic. (Barcelona) de Puig y Calafalch, levantadas el año 1919, destinadas a convertirse en uno de los muy importantes símbolos del catalanismo, para que este no tuviera el eco que le podía dar la Exposición Internacional del 1929.

El verano de 1909 se produce una revuelta popular conocida como la Semana Trágica, en que una huelga degenera en actos de vandalismo que son reprimidos duramente.

Sin embargo, la creciente conflictividad social generara a lo largo del reinado de Alfonso XIII, dando lugar desde 1917 a una intensificación de las tensiones y el desarrollo del pistolerismo, alentó desde la patronal contra los obreros y enfrentado al terrorismo anarquista. Ello desencadena una espiral de violencia que sólo se frenará con la llegada de la dictadura del general Primo de Ribera (1923-1930), apoyado en su inicio por la burguesía catalana.

Pero tras la caída de Primo de Ribera, la izquierda republicana catalanista invirtió grandes esfuerzos para generar un frente unitario, bajo la figura de Francesc Maciá. Así nació Esquerra Republicana de Catalunya, un partido que logró romper el abstencionismo obrero y consiguió un triunfo espectacular en las elecciones municipales del 12 de abril de 1931 que procederían a la proclamación de la Segunda República Española.

REPRESIÓN DEL CATALANISMO

No obstante, en Cataluña fue inicialmente aplaudido por los sectores de la alta burguesía conservadora que dieron la bienvenida a Primo de Ribera como salva guarda ante las fuerzas radicales del anarquismo. En un primer momento se permitió que la Mancomunidad continuara existiendo, pero la dictadura trabajó a fondo contra el nacionalismo catalán republicano, cada vez más radicalizado y en alza, prohibiendo partidos, asociaciones e instituciones. Finalmente, la Mancomunidad de Cataluña fue definitivamente suprimida en 1924 y prohibida en el mismo el uso de la lengua y la bandera catalana, en la administración y en la vida pública.

Pero Cataluña se convirtió pronto en uno de los focos más activos y unánimes de oposición a la dictadura, ambiente que favoreció el crecimiento de la fuerza y popularidad del nacionalismo republicano que tuvo en el *Estat Catalá* (Estado catalán) en 1922 y en su líder Francesc Maciá, el luchador más comprometido. Por el contrario, el catalanismo moderado y socialmente conservador de la *Lliga Regionalista* quedó muy desprestigiado

SEGUNDA REPÚBLICA ESPAÑOLA Y RESTAURACIÓN DE LA GENERALIDAD DE CATALUÑA.

ESTATUTO DE NURIA

El 14 de abril de 1934, el mismo día que se proclamaba la República en Madrid, Francesc Maciá proclamaba desde el balcón de la Generalidad de Cataluña, la República Catalana, dentro de una federación de pueblos Ibéricos. El hecho motivó preocupación fuera de los círculos nacionalistas siendo solucionado con la restauración de la Generalidad de Cataluña. La posterior aprobación de la Constitución Republicana que, enconados debates reconoció la posibilidad de autonomía regional, permitió la aprobación del Estatuto aprobado en referéndum el 2 de agosto de 1931 y modificado y aprobado en las Cortes Españolas el 12 de septiembre de 1932. Con el Estatuto aprobado el 20 de noviembre de 1932, se hicieron las únicas elecciones al Parlamento de Cataluña del período republicano para constituir las instituciones y pasar de un gobierno provisional a un gobierno estatutario con Francesc Maciá ratificado como Presidente del Parlamento, En su virtud fueron instaurados un gobierno y un Parlamento autónomos en Cataluña. Maciá fue envestido primer Presidente de la Generalidad, cargo que desempeñó hasta su muerte en diciembre de 1933, primeras en las que las mujeres tuvieron derecho al voto, convirtieron a la conservadora CEDA en la principal fuerza política. Tras una etapa de gobierno minoritario del Partido Republicano Radical dirigido por el antaño revolucionario y ahora centrista Alejandro Larrous, la CEDA exigió participar en el ejecutivo. Su entrada en el gobierno con tres ministros motivó que los socialistas convocaran la conocida como Revolución de 1934, que en Cataluña no fue secundada por el sindicato mayoritario, la anarcosindicalista CNT. Sin embargo el 6 de octubre Companys proclamó "El Estado Catalán de la República Federal Española" carente del apoyo del movimiento obrero y contado en las únicas fuerzas de los Mozos de Escuadra y milicianos de su propio partido, el levantamiento fue sofocado por el Capitán General Domingo Batet. El gobierno Español suspendió las instituciones autonómicas catalanas, nombrando un ejecutivo provisional con participación de la Liga Catalana y los radicales. La Autonomía fue restablecida tras las elecciones parlamentarias de 1936 que llevaron a perder a los partidos de izquierda agrupados en el Frente Popular, y que supusieron la amnistía para los participantes en la tentativa revolucionaria y la vuelta de Companys al gobierno catalán. En el período republicano el gobierno Catalán en gran parte continúo y cumplió la política educativa de la Mancomunidad de Cataluña. Tuvo muchas dificultades financieras y la cesión de competencias no se acabó nunca de hacer en su totalidad. En general este periodo constituyó un ensayo y una lección histórica para la realización posterior de la Generalidad de 1977.

En cuanto al movimiento obrero, destaca la crisis de la CNT con la escisión del sector moderado, los denominados, *trentistas* los partidarios de inspiración socialista iniciaron un proceso de convergencia que culminarían en la formación de dos partido rivales: el Partido Obrero de Unificación Marxista (POUM) y el Partido Socialista Unificado de Cataluña (PSUC).

CATALUÑA DURANTE LA GUERRA CIVIL

Aunque tras la victoria electoral de las izquierdas en febrero de 1936 (en Cataluña bajo la bandera del Front de Esquerra de Cataluña) y la sustitución del presidente conservador *Niceto Alcalá Zamora* la tensión política Los actos violentos de ambos bandos culminaron con el asesinato del líder de la derecha radical, José Calvo Sotelo. Pocos días después tuvo lugar el fallido golpe de estado contra la II República que desembocó en la Guerra Civil. En Barcelona, el golpe fue liderado por el General Manuel Godet pero la oposición armada de los militantes de sindicatos y partida de izquierda y la decisiva intervención de la Guardia Civil propició el fracaso de la rebelión. A partir de ese momento, Cataluña quedaría dentro del retorno controlado por los sublevados y bajo la teórica autoridad del gobierno republicano.

El desarrollo de la guerra en Cataluña se caracterizó en una primera fase por una situación de doble poderío de las instituciones oficiales (la Generalidad y el Gobierno Republicano por una parte y el de las Milicias Antifascistas de Cataluña por otra. Se desató una oleada de depresión frente a los sectores que se consideraba afines a los sublevados, principalmente religiosos católicos y representantes de la Liga Catalana. Pero la poco coordinada acción militar se encaminó en dos direcciones: una ofensiva contra el Aragón controlado por los sublevados, que sólo permitió estabilizar el frente durante un tiempo; y un fracasado intento de conquistar Mallorca.

Con el avance de la guerra se produjeron también graves enfrentamientos entre las organizaciones que querían dar prioridad a la revolución social, principalmente la CNT y el POUM, y quienes consideraban prioritario dirigir los esfuerzos al frente bélico y mantener el apoyo de los sectores moderados. Este segundo sector integraba al gobierno republicano, el PSUC, la Esquerra Republicana de Cataluña y otros partidos. El enfrentamiento culminó en las jornadas de mayo de 1937, durante los cuales ambos mandos se enfrentaron con las armas. La victoria del mando gubernamental supuso una mayor integración de los anarcosindicalistas en la disciplina del Ejército Popular de la República y la eliminación (incluso física) del POUM, incómodo rival comunista para el PCE y PSUC (que estaban dominados por los pro-soviéticos). Tampoco fue buena la reunión entre la Generalidad dirigida por Companys y el gobierno republicano debido al deseo de éste de ocupar el mando bélico y a la tendencia de aquella a exceder sus competencias estatutarias.

Finalmente el ejército rebelde en dos el frente republicano al ocupar Vinaroz, lo que aisló a Cataluña del resto del territorio republicano en la batalla del Ebro permitió la ocupación de Cataluña por las tropas encabezadas por el general Franco entre 1938 y 1939. La victoria total del proclamado Generalísimo supuso el fin de la autonomía catalana y el inició de un largo camino de la dictadura

EL FRANQUISMO EN CATALUÑA

Para tratar este tema concreto nos permitimos introducir un artículo de los historiadores catalanes José María Solé y Sabaté y Juan Vilarroya y Font, que nos parece refleja con bastante aproximación la situación de Cataluña bajo la dictadura:

"El franquismo (1939-1975) supuso en Cataluña, como al resto de España, la anulación de las libertades democráticas, la prohibición y persecución de los partidos políticos (salvo Falange Española tradicionalista y de la JONS), la clausura de la prensa no adscrita a la dictadura militar y la eliminación de las entidades de izquierdas. Además, se suprimieron el Estatuto de Autonomía y las instituciones de él derivadas, y se persiguió con sistematicidad la lengua y las culturas catalanas, sobre todo en la administración pública. El catalán fue excluido de la esfera pública y administrativa y quedó reducido al uso familiar y vecinal. El castellano pasó a ser la única lengua de la enseñanza, de la administración y de los medios de comunicación. La situación se agravó por las grandes oleadas de inmigrantes de castellano parlantes del siglo XX, sobre todo los de los años 60 y 70, procedentes del resto de España, sobre todo de Andalucía y Extremadura, y que en gran parte se concentraron en el área metropolitana de Barcelona. Todo esto provocó un gran retroceso del uso social del catalán y de su conocimiento, hasta el punto en que en Cataluña al castellano superó el catalán como lengua materna por primera vez en su historia. En Cataluña el factor más importante del bilingüismo social es la inmigración desde el reto de España en el siglo XX. Se ha calculado que, sin migraciones, la población de Cataluña habría pasado de unos dos millones de personas en 1900 a 2,4 en 1980, en vez de los más de 6.1 millones censados en esta fecha (y superando los 7,4 millones en 2009); es decir, la población sin migración habría sido solamente el 39% en 1980.

Los vencidos fueron desvertebrados. A los numerosos muertos durante la guerra hay que sumar los que fueron fusilados tras la victoria franquista, como el propio presidente Luis Companys; muchas otras, obligadas al exilio, no volverán a su país; gran número de los que huyeron fueron encarcelados; y muchos más fueron depurados e inhabilitados para ocupar cargos públicos o ejercer determinadas profesiones, lo que les dejó en pésima situación económica en una época ya dura de por sí. Un pequeño sector de anarquistas y comunistas intentó librar una guerra de guerrillas en unidades conocidas como *maquis.* Su acción más destacada fue la invasión del *Valle de Aran*

Tras la primera etapa de economía autárquica, en la década de los años 1960 la economía entro en una etapa de modernización agrícola de incremento de la industria y recibió el impacto del turismo de masas. Cataluña fue también una de las metas del movimiento migratorio, que dio a Barcelona y las localidades de su entorno un crecimiento acelerado. También se desarrolló fuertemente la oposición antifranquista cuyas manifestaciones más visibles en el movimiento obrero fueron Comisiones Obreras, desde el sindicalismo y el PSUC.

En la década de los años 1970, el conjunto de las fuerzas democráticas se unificaron alrededor de la *(Asamblea de Cataluña).* El 20 de noviembre de 1975 falleció el director Franco, hecho que abriría un nuevo periodo en la historia de Cataluña.

Globalmente, la casi total exclusión del catalán del sistema educativo y las severas limitaciones a su uso en los medios de comunicación de masas durante todos estos años, tuvo consecuencias de larga duración y que estarían presentes años después del final de la dictadura, como se observa en las altas tasas de alfabetismo de catán que se da entre las generaciones escolarizadas en esos años: en 1996 sólo un tercio del tramo de edad comprendido entre los 40 y los 44 años era capaz de escribir en catalán, hablado por el 67% de los censados cifras que descendían al 22% de los mayores de 80 años capaces de escribir con un 65% de hablantes.

A partir de la represión, el franquismo creó unas redes de complicidad en que miles de personas se vieran o fueron cómplices, de todas las maneras posibles, del derramamiento de sangre infligido, de las persecuciones ejecutados, de la vida de centenares de miles de personas en las prisiones, en los campos de concentración o en batallones de trabajadores. En definitiva, de las formas más diversas de represión: política social, laboral, ideológica, y, en el caso de Cataluña, de un intento de genocidio cultural que pretendía hacerlo desaparecer de raíz su específica personalidad nacional."

TRANSICIÓN DEMOCRÁTICA Y RESTAURACIÓN DE LA GENERALIDAD CONTEMPORÁNEA

Tras la muerte del General Franco, se inició el período conocido cómo transcripción democrática, a lo largo del cual se irán alcanzando las libertades básicas, consagradas por el Constitucional Española de 1978. En ella se reconoce la existencia de comunidades automáticas dentro de España, lo que da lugar a la formulación del Estado de las Autonomías.

Después de las primeras elecciones generales, en 1977, se restauró provisionalmente la Generalidad, gracias al impulso de la sociedad civil catalana (representada por la masiva manifestación que tuvo lugar en Barcelona, el 11 de septiembre de ese año y la iniciativa del gobierno de Adolfo Suarez, apoyada por el rey y las altas instancias del Estado. A partir de ese momento al frente de la Generalidad restaurada se situó Josep Tarradellas, que había preservado la legalidad del autogobierno catalán como presidente en el exilio, tras declarar su adhesión al rey al proceso de reforma política. Tarradellas constituyó un gobierno autónomo provisional compuesto por representantes de las fuerzas más relevantes en aquel momento.

En el 1979, se aprobó finalmente un nuevo Estatuto autonómico de Cataluña, netamente superior al de 1932 en algunos aspectos como enseñanza y cultura, pero inferior en otros como en justicia, finanzas y orden público. En él Cataluña se define como *"nacionalidad"*, se reconoce el catalán como lengua propia de Cataluña y alcanza la oficialidad junto al castellano. Tras su promulgación, tuvieron lugar las primeras elecciones catalanas, que dieron la presidencia de la generalidad a Jordi Pujol, de Convergencia y Unión, cargo que ostentaría tras seis triunfos electorales consecutivos hasta el año 2003.

DESARROLLO AUTONÓMICO

En el año 1983 se creó TV3, el primer canal de televisión que emitió íntegramente en catalán y el primer medio de comunicación de masas en esta lengua.

Durante las décadas de 1980 y 1990 se desarrollaron diferentes aspectos de la construcción autonómica, Los Mozos de Escuadra, la creación de la administración Comarcal y el Tribunal Superior de Justicia de Cataluña. También se desarrolló la Ley de Normalización Lingüística y la Inmersión Lingüística en las escuelas a fin de fomentar el conocimiento y el uso del catalán, y se crearon la Corporación Catalana de Medios Audiovisuales, los Medios de Comunicación de Radio y Televisión de titulación pública catalana (Cataluña Radio y TV3)

El 5 de noviembre de 1992 España ratificó en Estrasburgo, la Carta europea de las lenguas regionales o minoritarias, por la que adquiere entre otras, el compromiso de reconocerlas, respetarlas y promoverlas.

En 1992 Barcelona celebró Los Juegos Olímpicos, que sirvieron para dar a Cataluña y a España un reconocimiento internacional. A lo largo de la década de los años 1990, la ausencia de mayorías absolutas en el gobierno español apenas contribuyó a ampliar las competencias autonómicas, a pesar del apoyo de CIU al último gobierno de Felipe González (1993-1996) y el primero de José María Aznar (1996-2000).

SIGLO XXI

Sin lugar a dudas, uno de los fenómenos más notorios en la primera década del siglo XXI fue el incremento de población de origen foráneo en Cataluña. El número de personas nacidas en el extranjero se incrementó al menos el 3% en el año 2000 y a cerca del 15% en el 2010.

Y el 16 de septiembre del 2005, la ICANN aprobó oficialmente el *CAT* el primer dominio para una comunidad lingüística.

Sin embargo, políticamente, el desgaste de CIU tras tantos años en el gobierno y su apoyo a sus últimos gobiernos de Aznar condujeron a que, en noviembre de 2003, los resultados de las elecciones autonómicas, posibilitaran un cambio de partidos en el gobierno de la Generalidad. A pesar de no haber ganado las elecciones por número de escaños. Pascual Maragall (PSC-PSOE-CpC, ERC y ICV-EUA. El tripartito catalán. Pero los problemas asociados al proyecto de reforma del Estatuto de Autonomía de Cataluña, se tradujo en un adelanto de la convocatoria de elecciones a noviembre de 2006, en las cuales CIU obtuvo mayor número de escaños, aunque el tripartito continuó obteniendo suficiente apoyo como para poder formar gobierno del que José Montilla fue el primer presidente de la Generalidad no nacido en Cataluña después de la Segunda República, siendo nativo de Iznajar, Córdoba.

No obstante, las elecciones autonómicas del 28 de noviembre del 2010 dieron de nuevo la victoria a Convergencia y Unión, por lo que su candidato y cabeza de lista por Barcelona, Artur Más fue investido como presidente de la Generalidad el 23 de diciembre de ese mismo año. Pero esta legislatura acabó en fracaso después del rechazo del gobierno de Rajoy al pacto fiscal, la promesa electoral de Artur Más y que buscaba terminar el déficit fiscal de Cataluña con un sistema parecido al concierto Vasco.

Aunque dos años más tarde, influido por la presión callejera ante el malestar social y el creciente independentismo plasmado en la mayor manifestación de la historia de Cataluña el presidente Artur Más ganó las elecciones, pero perdió 12 escaños. A pesar de esto llegó a un acuerdo con ERC el ganador de las elecciones ya que se había convertido en el ganador escaños (siendo tercero en votos tras el PSE, por primera vez en la historia postfranquista.Y este acuerdo dio lugar a la convocatoria de un referéndum por la autodeterminación de Cataluña en 2014, el cual fue condenado por el TSJC.

En el 27 de septiembre de 2015 se celebraron unas nuevas elecciones autonómicas que las fuerzas independentistas denominaron *"plebiscitarias".* Las consecuencias políticas del proceso independentista produjeron la ruptura de CIU y la integración de CDC y ERC en una coalición llamada *Junts pel Sí*, ganadora de las elecciones pero sin mayoría absoluta. Las dos nuevas fuerzas de la oposición por delante del PP y PSC y CUP (llave de la gobernabilidad en el nuevo parlamento

LA POLÉMICA DE CATALUÑA COMO NACIÓN

A través de la proposición del Estatuto de Autonomía aprobado en 2006 y actualmente vigente, el Parlamento de Cataluña aprobó la definición de Cataluña como una Nación. Sin embargo, ejerciendo sus superiores competencias, el Congreso de los Diputados enmendó esa propuesta y excluyó la definición de *nación* del articulado del nuevo Estatuto –aunque se mantiene una referencia en el preámbulo o lo que en su día aprobó el Parlamento catalán, del siguiente modo: "La Constitución Española, en el artículo segundo, reconoce la realidad nacional de Cataluña como nacionalidad"- Asimismo los legisladores catalanes introdujeron otra referencia al carácter nacional de Cataluña, amparado por el ordenamiento jurídico vigente, que se halla en el artículo 8.1 del Estatuto en 2006, al afirmar que Cataluña definida como nacionalidad en el artículo 1, tiene como "símbolos nacionales" la bandera, la fiesta y el himno.

Pero a juicio del Gobierno de la Nación, y del partido gobernante que respaldó su aprobación, el texto del preámbulo sólo tiene valor declarativo y no jurídico. A juicio del portavoz de Grupo Parlamentario Socialista, en su intervención, en nombre del partido gobernante, durante el debate en el Congreso de los Diputados del Estatuto, el preámbulo tiene, "importancia política, jurídica e interpretativa". El Partido Popular, en aquel entonces principal partido de la oposición, presentó el 31 de julio de 2006 un recurso ante el Tribunal Constitucional contra el nuevo Estatuto por el posible uso inconstitucional del término "nación" en el preámbulo –entre otros muchos aspectos-, que fue admitido a trámite por el Alto Tribunal y que se resolvió declarando Estatuto parcialmente inconstitucional" El

Defensor del Pueblo hizo lo propio el 19 de septiembre del mismo año.

DECLARACIÓN UNILATERAL DE INDEPENDENCIA (DUI)

No obstante, el 27 de Octubre de 2017, el Parlamento de Cataluña procede a la votación secreta y con la ausencia de los partidos constitucionalistas PP, PSC y Ciudadanos fue una votación en contra de las decisiones del Tribunal Constitucional y de los propios abogados del Parlamento que advirtieron previamente a la Mesa que no podría formalizar cualquier resolución en este sentido de acuerdo con la legislación vigente y los dictámenes del Tribunal Constitucional. La moción sale adelante por setenta votos a favor, diez en contra y dos en blanco, pero dicha declaración de independencia es suspendida cautelarmente por el Tribunal Constitucional. El 31 de octubre tras una petición al respecto del PSC.

Pero el 27 de Octubre por la tarde, el Senado aprueba la solicitud del gobierno de activar el artículo 155 de la Constitución por 214 votos a favor, 47 en contra y una abstención, debido a la vulneración reiterada del Gobierno catalán de las leyes vigentes en sus ansias soberanistas. Por tal motivo, el gobierno Español destituye al Gobierno catalán, convocando elecciones para el 21 de diciembre de 2017, y pasando las labores de consejería a las de los ministerios correspondientes. Todos los partidos políticos terminan aceptando la convocatoria de elecciones, incluso los nacionalistas a pesar de su reticencia inicial. También toma el control de los Mozos de Escuadra, la policía autonómica catalana, destituyendo al mayor Trapero por sus problemas legales, y pone a su número dos al mando. La decisión es aceptada sin incidentes por los miembros del cuerpo de policía autonómica.

El 30 de Octubre, El fiscal general del Estado solicita que se impute la Mesa del Parlamento y al Gobierno de la

Generalidad cargos por sedición, rebelión y malversación de fondos públicos. Esto último supuestamente por malversar fondos públicos para financiar el referéndum declarado ilegal por el Tribunal Constitucional que tuvo lugar el 1 de octubre del mismo año.

El ex presidente de la Generalidad, Carles Puigdemont huye a Bélgica junto a cuatro consejeros con la intención de internacionalizar, el problema pero se encuentra con el rechazo internacional, y solo logra el apoyo de los separatistas de Flandes y los separatistas escoceses. Tras aceptar a trámite la denuncia del fiscal general del Estado, la jueza de la Audiencia Nacional, Carmen Lamela, convoca a los miembros destituidos del Gobierno catalán el 2 de noviembre. Desde la huida de Puigdemont y otros consejeros, tras presentarse en los juzgados declara prisión incondicional para el ex vicepresidente catalán Oriol Junqueras y otros siete consejeros, por delitos de sedición, rebelión y malversación de fondos. La denuncia a la Mesa del Parlamento se presenta ante el Tribunal Supremo por ser miembros aforados y es aceptada, pero su declaración se pospone del 2 de noviembre al 9 del mismo mes.

APENDICES

Los apéndices siguientes son una recopilación de textos que pretenden dar luz sobre algunos temas controvertidos y poco conocidos de la historia y de la economía de Cataluña de los últimos siglos, así como una recopilación de datos estadísticos y de recopilación de artículos del diario "El Mundo" sobre la actualidad política catalana de los últimos días:

APENDICE 1: EL DESPEGUE ECONÓMICO DE CATALUÑA EN EL S. XVIII. COMENTARIOS DE PIERRE VILAR

APENDICE 2: EL COMERCIO DE ESCLAVOS Y LA ECONOMIA CATALANA

APENDICE 3: LA ECONOMIA CATALANA EN EL S. XIX Y ESPAÑA. GALICIA Y CATALUÑA: DOS EJEMPLOS PARA LA REFLEXIÓN

APENDICE-4: DATOS SOCIOECONOMICOS, GEOGRAFICOS, CULTURALES…

APENDICE 5: SITUACIÓN DE LA CUESTIÓN CATALANA EN LA ACTUALIDAD: RECOPILACIÓN DE ARTICULOS DE "EL MUNDO"

APENDICE 1: EL DESPEGUE ECONÓMICO DE CATALUÑA EN EL S. XVIII

CATALUÑA EN LA ESPAÑA MODERNA

Pierre Vilar.

"En este mes de diciembre se cumplen 55 años de la publicación en Barcelona del clásico de Pierre Vilar *"Cataluña en la España moderna"*, un libro que conoció una excelente y primeriza edición en catalán (*"Barcelona 62, 1962* –tras la aparición del original francés – y una tardía y muy inferior edición en castellano Barcelona crítica, 1978). Pierre Vilar ofrece para las numerosas personas que se interesan por la historia, un ejemplo de compromiso por su trabajo y con su tiempo, de aprendizaje y reflexión a través de su propia labor investigadora y de actitud desprejuiciada frente a ideologías y escuelas. Por eso, en el Centro Asociado de la UNED de Barcelona, hemos querido ofrecer uno de los raros homenajes que ha servido para recordarle con motivo de esta efemérides y en el contamos con la presencia de dos ponentes de excepción: Eulalia Duran, traductora de esta primera edición, investigadora de la historia y la cultura catalanas: de *Bones lletres,* y Carlos Martínez Shaw, catedrático de la UNED, académico de la Historia Moderna, Pierre Vilar. Nos ofrecieron un balance profundo y muy ponderado del impacto de este libro en la historiografía Catalana y Española.

Vilar (1906-2003) fue durante muchos años la figura más emblemática de la nutrida cohorte de hispanistas franceses que hicieron una gran aportación para renovar la historiografía, y la divulgación de la historia catalana y española. En una de sus últimas obras *"Pensar históricamente, Reflexiones y recuerdos. (*Barcelona: Crítica

1997)- reflejó la trayectoria de una existencia de vida gracias al compromiso simultáneo con tiempo y con sus estudios. Vilar podría encarnar al investigador para quien la historia es, ante todo, un campo de reflexión ante la vida, y para quienes profundizar en el conocimiento de la realidad geográfica e histórica constituye mucho más que una forma de curiosidad intelectual: era su manera de cuestionar las certezas propias y ajenas, de contrastar las opiniones y de avanzar en el progreso individual y colectivo. Esta honesta y clara manera de contemplar las cosas le permitía, al tiempo cuestionar y respetar las opiniones de sus antecesores, huyendo de lo acomodaticio lo mismo que la iconoclastia propia del rebelde o el recién llegado.

Tuvo la suerte de formarse en la espléndida escuela de geógrafos franceses que siguió la estela de Vidal de La Blanche. Por eso, sus primeros pasos universitarios se encaminaron hacia la geografía y, en concreto, hacía una tesis sobre el Pirineo Catalán. Pero, como el mismo explica en el prólogo a *"Cataluña en la España Moderna,* Todo lo hablaba *"de la interacción continua entre la tierra y el hombre, entre la geografía y la historia"* Su validez no se satisfacía con límites académicos de las materias que trabajaba, ni tampoco con los límites temporales o geográficos. Estas mismas capacidades de desbordar lo establecido lo llevó a integrar los elementos positivos de las escuelas historiográficas más vivos de su tiempo la "Historia total" de los Anales y materialismo histórico marxista –al que siempre estuvo ligado metodológicamente – algo que para muchos parecía contradictorio y aún imposible. Si su compromiso intelectual ya estaba bien fundamentado, su compromiso político creció con las agitaciones de la sociedad francesa y europea durante los años treinta, al auge del fascismo, la Guerra Civil Española y la Segunda Guerra Mundial.

Hombre de conciencia e ideas, más que de partido, se vinculó al comunismo, pero dejo de lado la militancia activa para proseguir su carrera universitaria. Eulalia Duran nos recordaba como Pierre Vilar no llegó al marxismo a través del conocimiento académico o la política revolucionaria, sino, por el contrario durante la Segunda Guerra Mundial, como militante francés y prisionero de los nazis, cuando sólo tenía acceso a los libros que criticaban esta metodología, lo cual hizo que su posición fuera siempre personal y nada dogmática. Conoció y trabajó con figuras señeras de la intelectualidad francesa, como su condiscípulo Jean Paul Sastre o su maestro Ernest Labruosse. Recorrió España durante los años 20 y 30, y en 1948 retornó para dar nuevamente clases en el Instituto Francés de Barcelona donde permaneció hasta el 1957. La publicación de *"Cataluña en la España Moderna"* –contribuyó a revitalizar la historiografía de Cataluña en la España Moderna- Contribuyó a revitalizar la historiografía de Cataluña en los años sesenta, justo en el momento en que esta padecía de la dramática pérdida de Jaume Vicens Vives y cuando el franquismo suponía una severa limitación a las posibilidades de desarrollar íntegramente una investigación histórica de vanguardia.

Fue un libro pacientemente escrito, todas las facilidades que encontró en la Cataluña republicana, curiosa ansiosa de coger a jóvenes investigadores extranjeros, se convirtieron en problemas durante las décadas siguientes, y no solo con las autoridades franquistas, sino con las propias instituciones francesas, dominados por conservadores que terminaron por expulsarlo del Instituto Francés de Barcelona, lo que le obligó a retornar a París y retrasó considerablemente su trabajo. Además, las cuestiones económicas que abordaba contaban una muy escasa base de investigaciones económicas que abordaban con una muy escasa base de investigaciones previas, y le obligaron a un amplio y seguro trabajo de archivo, que no siempre podía abarcar todas las dimensiones que el abarcaba.

El libro- una voluminosa obra en cuatro tomos, se centra en el conjunto de transformaciones que hicieron de Cataluña un territorio económicamente avanzado dentro de la Península. Una situación que, pese a la relativa prosperidad de los siglos XIII y XIV no estaba en absoluto determinada. Las Catástrofes, y las contradicciones internas de la sociedad catalana durante los siglo XV y XVI, hicieron que entrara en la modernidad con una situación demográfica, económica e institucional que acumulaba problemas en comparación con sus grandes vecinos las coronas castellana y francesa, pero la segunda mitad del XVIII introdujo cambios relevantes. Frente a la grandísima crisis que padecía castilla, la demografía, la producción agraria y finalmente el comercio de Cataluña, reencontró la senda del crecimiento. Esto consolidó un grupo de poder, articulado en torno a la obra teórica de Narcís Feliu de la Peña que se convertiría en el partido austracista dominante en Cataluña. Un grupo que soñó con una Cataluña de tono político similar a los estados parlamentarios de Inglaterra y Holanda, que se opuso frontalmente a la llegada al poder de Felipe V y provocó a mi entender equivocadamente la entrada de Cataluña en la guerra internacional suscitada por la sucesión de Carlos II.

Las consecuencias de la guerra fueron muy duras, pero originaron una renovación espontánea del tejido productivo catalán. Después de 1714 se había alcanzado nuevamente unos demográficos y económicos tan profundos, y la recuperación fue más rápida de lo esperado. Una colonización agrícola interior, magníficamente descrita por el profesor Vilar, permitió una primera acumulación de capital. Las instituciones del derecho catalán, respetados por el Decreto de Nueva Planta de Felipe V, de origen medieval, resultaron estar perfectamente adaptados a esta etapa inicial del capitalismo, con la figura del *hereu* que proporcionaban capital y de unos segundones obligados a buscar nuevas actividades –pero con formación previa y relaciones familiares suficientes- Esto no impidió que Cataluña conociera una profunda crisis económica hacia mediados del siglo XVIII, pero que tuvo características diferentes de la castellana ya que no resultó tan dañina ni tan profunda . Lo que si resulta característico fue la paralización de los salarios para la mano de obra no especializada que se dio durante casi tres decenios. Si Cataluña había importado trabajadores en muchos momentos de su historia, ahora parecía hallarse en plena culminación de sus necesidades humanas, fruto probablemente del desarrollo demográfico y agrario de los años veinte y treinta. La propiedad, como siempre no lo fue para todos, y las clases populares sufrieron mucho durante esta etapa. Del estancamiento se salió por un salto productivo basado en la adquisición de nueva tecnología –las indianas y más adelante la producción textil- y la creciente conexión con los mercados mediterráneos y atlánticos, gracias al comercio colonial. Carlos Martínez Shaw señaló, con una definición que creo afortunada, que la derrota de 1714 probablemente frustró la pequeña Holanda en que quiso convertirse Cataluña, pero dio lugar a la "*Pequeña Inglaterra*" que surgió a finales del siglo XVIII. También señaló el profesor Martínez Shaw que las necesidades académicas indujeron a Pierre Vilar a publicar su libro antes de que lo considerase realmente acabado, ya que en él faltaba explicar cómo ésta Cataluña preindustrial se convierte en la Cataluña realmente industrial del siglo XIX. Tal reflexión apareció un decenio más tarde en forma de artículo en *La*

Cataluña Industrial: reflexions sobre una arrencada i un destí (Recerques, III (1972)"

APENDICE 2: EL COMERCIO DE ESCLAVOS Y LA ECONOMIA CATALANA

"CUANDO LOS BARCOS SALÍAN HACIA ÁFRICA DEL PUERTO DE BARCELONA.

La cantidad de catalanes que se beneficiaron de la mano de obra esclava en las Américas especialmente relevante, sobre todo en el campo del comercio.

Porque en Cataluña se podían encontrar muchos grupos de presión para evitar las reformas en Cuba que pretendían cambiar con la esclavitud. Estos espacios reunieron a los empresarios más importantes del momento, como Juan Güell y Prim Ferrer.

Durante los treinta años de trata de esclavos (1790-1828) se ha podido establecer la presencia de 146 embarcaciones catalanas entradas en Cuba, que constituye un 7,45 % del total y un 24,7 % de las españolas.

"A partir de 1865 el único país europeo que tiene esclavitud es España", Explica Martín Rodrigo Alharilla, director de economía por la Universidad de Barcelona, José María Fradera, catedrático de la Universidad Pompeu y Fabra y experto en colonialismo, argumenta que las primeras que empezaron a abrir debate sobre la legitimidad moral de esclavizar un ser humano fueran las sectas protestantes y la idea que había que abolir esta instrucción se hizo cada vez más presente en el mundo inglés y francés hacia finales del siglo XVIII. Así, en Inglaterra se suspende el tráfico en 1807 y la esclavitud en 1833. En Francia, en 1848 y en Estados Unidos hacia la década de 1860.

Los países Ibéricos, sin embargo, tardaron bastante más, puesto que habían entrado en el negocio en el momento en que los británicos se planteaban dejar de hacerlo: Esto es lo que hace patética la posición de los catalanes, los españoles y los portugueses", afirma Fradera. Barcelona con los personajes más importantes de la economía catalana del momento, fue uno de los principales núcleos de la presión en defensa de la esclavitud dentro del Imperio español. Y la capital catalana, uno de los puertos que vio salir múltiples barcos negreros.

Pero como decíamos con anterioridad, la cantidad de catalanes que se beneficiaron de la mano de obra esclava en las Américas es evidente, especialmente en el ámbito del comercio. El papel que tenían en la isla está confirmado, según argumenta Jordi Maluquer de Motes, catedrático de Historia e Instituciones económicas por la Universidad Autónoma de Barcelona, por un inglés establecido como hacendado en la isla que decía, de los catalanes, que tienen en sus manos todo el comercio de Cuba y creo que también de España" consideración que es corroborada también por el viajero Norte Americano Wurdermann, quien explica que "gran parte del comercio de la isla está en sus manos así como una parte considerable de sus riquezas". Según explica Alharilla, "entre el 30 % y el 40 % de los comerciantes que había en Cuba y en Puerto Rico en el siglo XIX eran catalanes".

Hablar de esclavitud y tráfico implica recordar, no obstante, que el Imperio Español es, según Fradera, un Imperio erigido mucho más "sobre indios" que sobre esclavos. En este sentido, con la expresión *Degrees of freedum·*, la historiografía anglosajona dejó entrever que, durante la antigüedad, no había un contraste nítido entre las condiciones de "libre" y "esclavo". La existencia de gente que trabajaba para alguien que lo comparaba era considerado normal o como mínimo habitual", explica Fradera. Cuando los imperios europeos se expandían por el Atlántico, esta institución social llega a América.

No hace mucho tiempo que se celebró el Día Internacional del Recuerdo de la Trata de Esclavos y de su abolición fecha que puso en el punto de mira las intenciones comerciales entre Europa, África, las Américas y el Caribe, y recuerda que son muchas las culturas que no están exentas de un pasado esclavista, Este es el caso de Cataluña en el marco del Imperio Español.

LA PARTICIPACIÓN CATALANA EN EL TRÁFICO DE ESCLAVOS.

Averiguar el grado de participación catalana en el tráfico de esclavos es especialmente complicado. Por ejemplo es el caso de la familia Samá, de Vilanova y la Geltrú, que dicen que tenía un complejo donde se trabajaba el azúcar alrededor de la Habana, que tuvo esclavos hasta 1886. También, un caso parecido fue el empresario catalán Juan Güell que usó mano de obra esclava durante un período corto de tiempo, pero no se ha encontrado ningún documento que le implique directamente en el tráfico de esclavos. Pero en total durante los treinta años del tráfico legal, (1790-1820) se ha podido establecer la presencia de 146 embarcaciones catalanas entradas en Cuba, que constituyen el 7,45 % del total y un 24,70 % de las españolas. Estas embarcaciones llegaron a transportar unos 30.696 esclavos.

Pero seguramente, la manera más precisa de conocer con exactitud los nombres y apellidos de las personas que se dedicaron a la trata durante la época de clandestinidad, es a consultar las configuraciones de barcos por parte de los británicos a partir del momento en el cual organizaron un dispositivo para acabar con esta práctica, pero evidentemente esta operación anti trata no podía alcanzar, ni mucho menos, todas las transacciones hechas con personas. Así lo más evidente para los historiadores es identificar aquellos empresarios que usaban mano de obra esclava aunque no hubiera participado, forzosamente en operaciones de trata de esclavos.

UN ENRIQUECIMIENTO CON MANO DE OBRA ESCLAVA.

Jordi Maluquer de Motes explica en su artículo *"la burguesía catalana y la esclavitud colonial: modos de producción y práctica política"* que, a pesar de la intervención de catalanes en las Antillas no había sido muy notable en los tres primeros siglos de colonización, desde el final del siglo XVIII, "se encuentran testigos en abundancia de intervención de catalanes en importante actividades económicas cubanas.

A comienzos del siglo XIX, por ejemplo, Seguí abrió la primera librería de la Habana, Josep Antoni Maestras la primera gran fábrica de chocolate a la isla y Joan Xifré la primera sedería. En el sector de manufacturas tabaqueras, la participación catalana también fue muy destacada: "Bernardí Rencurrell creó la primera fábrica de cigarrillos en 1810 y la comercialización del tabaco de la zona oriental estuvo controlada durante muchas décadas por un grupo de catalanes establecidos en Santiago" ejemplifica Maluquer de Motes.

El trato que daba a los esclavos se enmarca en un amplio abanico de prácticas. Desde esclavos que acabaron siendo propietarios de esclavos, indianos que tenían hijos con sus esclavas o todo tipo de maltrato. Así, encontramos cosas como Joan Gener y Balet, que levantó una gran fábrica tabaquera en Cuba. "La excepción". Después de un incendio en los talleres que Gener tenía en la Habana, escribe Maluquer de Motes: Se pudo comprobar que los aprendices que murieron quemados estaban atados con cadenas.

POLÉMICA SOBRE EL DESARROLLO CATALAN

Con el paso del tiempo se ha querido establecer una conexión entre la propiedad catalana en el marco de la revolución industrial o lo que se puede entender como el inicio del "capitalismo catalán". Aun así, Fradera considera que no se puede decir de ninguna manera que la industrialización catalana es el resultado de la prosperidad de la industria negrera". Alharilla también explica que además de la dificultad de demostrarlo "el capital que se podía generar a partir de la trata es relativamente pequeño comparado con el crecimiento económico de Cataluña. Sin embargo, el historiador matiza que si es cierto el tráfico de esclavos fue un elemento muy importante y necesario porque la economía Cubana del siglo XIX pudiera crecer, y el marco de esta ceremonia, hay todo un proceso de creación de fortuna que tiene un efecto directo en Cataluña, y sobre todo en la ciudad de Barcelona".

La doctora en la rama de Historia Moderna, Ángeles Solá en su artículo "Los capitales americanos y la industrialización de Barcelona en el siglo XIX, evidencia que, la historia del desarrollo económico de Barcelona, no se puede explicar si no se tienen en cuenta la aportación de capital de los "indianos". Capital vinculado a un movimiento de regreso en forma de inversión a lo largo del siglo XIX,

Así, a pesar de que la trata de esclavos no fuera una de las piezas fundamentales del crecimiento barcelonés, sí que fue uno de los factores que permitió el enriquecimiento de muchos catalanes en Cuba que después invirtieron en Cataluña. Se trata de un circuito comercial que no se entiende sin la isla de Cuba y que permite el crecimiento del capital comercial en Cataluña, explica Alharilla, que después fue importante para el capital industrial catalán.

BARCELONA PROTAGONISTA DEL ANTIABOLICIONISMO ESPAÑOL

En Barcelona se podía encontrar a muchos grupos de presión para evitar las reformas en Cuba que pretendía acabar con la esclavitud. Grupos que reunieron a los personajes más importantes de la economía catalana del momento, como es el caso de Joan Güell y Ferrer, el Instituto Agrícola Catalán y toda una burguesía que estaba "impidiendo que hubiera una reforma del estatus quo colonial", dice Alharilla.

Todo este movimiento anti abolicionista que se aglutina, entre otras organizaciones, alrededor de los Círculos ultramarinos, estaba impregnado de un fuerte nacionalismo español, "sobre todo en Barcelona, que tenía que ver como la dimisión imperialista española, argumenta Alharilla: "Los catalanes en el último tercio del siglo XIX eran los más españolistas e inmovilistas de todos". Hay que considerar que Barcelona era el centro del negocio colonial tanto o más como podría serlo Madrid; en la ciudad Condal se encontraban instituciones coloniales tan relevantes como el Banco Hispano Colonial o la Compañía Trasatlántica Española.

A partir del 1898, cuando España se percibe como un estado incapaz de asegurar el mercado Cubano, sectores de la mano de Prat de la Riba planearon la construcción de una España donde el motor fuera Cataluña, es en este momento cuando, según Alharilla: hay una reinterpretación de este pasado".

APENDICE 3: LA ECONOMIA CATALANA EN EL S.XIX Y ESPAÑA. GALICIA Y CATALUÑA: DOS EJEMPLOS PARA LA REFLEXIÓN

DE CÓMO CATALUÑA SE VOLVIO RICA Y GALICIA POBRE.

"La memoria es corta. Tendemos a interpretar el pasado filtrando por el tamiz de lo que vemos en el tiempo presente. Si en una charla de cafetería preguntamos cuál de estas dos regiones, Cataluña o Galicia contarían con más población en el siglo XVIII, indudablemente la mayoría de los parroquianos nos dirían que la Cataluña que hoy es la comunidad mediterránea aventaja a la Gallega en 4.8 millones de habitantes. Sin embargo, lo cierto es que en 1787 Galicia tenía más población que Cataluña: 1.3 millones de gallegos frente a 802.000 catalanes. Los saludables datos demográficos del confín gallego eran además un síntoma de pujanza. En el siglo XVIII algunos pensadores ilustrados presentaban a Galicia entre otros pueblos de España como un ejemplo de sociedad bien estructurada económicamente. Bendecida por un clima templado y con generosos dones naturales, ya bien conocidos desde los romanos amigos de su oro y su *godello,* entre 1591 y 1752 se estima que Galicia duplicó su población. Su éxito fue una agricultura autosuficiente que recibió un empujón formidable con perfecta y temprana aclimatación de los valles atlánticos. Pero había más. Una primaria industria popular, como mejor ejemplo era el lino y también los recursos de la fabricación y comercialización los salazones de pescado donde tanto ayudaron a empresarios catalanes de pescado; la minería, las exportaciones ganaderas, el comercio de sus puertos... Todo ese edificio gallego tan perfectamente ensamblado durante el siglo XVIII, entrará en crisis súbitamente en el XIX y se vendrá abajo. Fue un colapso de naturaleza exagerada (Galicia se torna incapaz de entender las necesidades que genera su bum demográfico) y da lugar a un éxodo de magnitudes gráficas: desde finales del siglo XVIII hasta los años 70 del siglo pasado se calcula que un millón y medio de personas huyeron de la miseria de Galicia. Buenos Aires fue durante bastante tiempo la segunda ciudad con más gallegos y ese gentilicio todavía es allí sinónimo de español.

¿Por qué se hunde Galicia en el siglo XIX. Porque decisiones políticas alteran su medio de vida tradicional. Porque las apuesta por la industria del algodón mediterráneo, que será protegida con reiterados aranceles por parte del gobierno de España, arruina la mayor empresa de Galicia, la del lino. Los nuevos impuestos del Estado Liberal, que sustituyen a los eclesiásticos, obliga al campesino a pagar en líquido, en vez de en especies, y a la implantación del milagro del ferrocarril, el noroeste languidece, lejano a los nuevos focos fabriles, establecidos en la implantación de con su monopolio de la industria del algodón, y en el País Vasco, cuya siderurgia al ser también protegidas sus empresas de interés nacional.

STENDHAL ANTE EL PROTECCIONISMO.

El declive de Galicia en el siglo XIX coincide con Cataluña, debido al ingenio y la laboriosidad de su empresariado y a su condición de puerta con Francia pero hubo algo más. En su *"Diario de un turista, de 1839.* Stehndhal, el maestro de la novela realista, recoge con la perspicacia propia de su talento sus impresiones tras un viaje de Perpiñán a Barcelona. "los catalanes quieren leyes justas –anota-, a excepción de la ley de aduana, que debe ser hecha a su medida. Quieren que cada español que necesite algodón pague cuatro francos la vara, El español de Granada, de Málaga o de la Coruña no puede comprar paños de algodón ingleses, que son excelentes, y que cuestan un franco la vara". Standhal, que amen de escritor era también un ducho conocedor de la administración napoleónica, para la que había trabajado, capta al instante la anomalía: el avance proteccionista implantado por los gobiernos de España en atención a la perpetua queja –y excelente diplomacia catalana, cuando es notorio que es más caro y peor que el inglés Un premio colosal, pues no había entonces industria más importante que la del algodón, que será pronto matriz de otras, como la química. Esa descompensación primigenia, el arancel, reescribe toda la historia económica de España. A partir de esa discriminación positiva inicial, que le permite arrancar con ventaja frente a las otras comunidades, pues España era un páramo industrial, Cataluña va aumentando más y más espaldarazos por parte del Estado. Aunque también hay que ensalzar el ímpetu y la capacidad de la burguesía catalana.

CATALUÑA SIEMPRE LO PRIMERO.

La primera línea férrea de España es la de Barcelona a Mataró en 1848. Galicia contará con su primer tren en 1885, ¡37 años después! La primera empresa de producción y distribución de fluido eléctrico a los consumidores se creó en Barcelona, en 1881, se llamaba y es significativo, Sociedad Española de Electricidad. La primera ciudad española con fluido eléctrico fue Gerona, en 1886. La teoría del agravio a Cataluña no se sostiene. De hecho, el resto de España todavía aportará algo más: mano de obra masiva y barata para atender a la única industria que existía, (salvo el oasis de Vizcaya).

En el siglo XX llegaron más ventajas competitivas para Cataluña. En 1943, Franco establece por decreto que sólo Barcelona y Valencia podrán realizar ferias de muestras internacionales. Este monopolio durante 36 años fue abolido en 1979 y sólo entonces podrá crear Madrid su feria la hoy triunfal Ifema. Catalanas son las primeras autopistas que se construyen en España (Galicia completó su conexión con la meseta en el 2001 y la unión con Asturias se culminó hace unas semanas). La fábrica Seat, la única marca de coches española, se lleva a Barcelona. Otro hito son los juegos Olímpicos del 92, un plató de eco Universal, conseguido, concebido y sufragado como proyecto de Estado (o acaso cree alguien que aquello se logró y se costeó sólo por obra y gracia del Ayuntamiento de Barcelona y el gracejo de Pascual Maragall). En los años noventa se contemplará la entrega a empresas catalanas del sector estratégico de la energía, un opíparo negocio inscrito en un marco Regulado. En 1994, el gobierno de Felipe González vendió Enagás monopolio de facto de la red de transporte de gas en España, a la gasera catalana por un premio inferior en un 58% a su valor en libros. Repsol, nuestra única petrolera, también pasará a manos catalanas. Los modelos de financiación autonómica se harán siempre a petición y atención de Cataluña. También es privilegiada en las inversiones de Fomento y se le permite aprobar un estatuto anticonstitucional que está muy bien, algo tan insólito como que la instancia Inferior Cataluña, fija obligaciones de gasto a la superior España. Todas las capitales catalanas están conectadas por AVE mientras que la línea de Galicia y de otras comunidades no tienen fecha cierta y los próceres de CIU presionan para que no se construyan.

RETROCESOS CON LIBERTAD.

Galicia, cuando llegan las libertades económicas y se evaporan los aranceles y los monopolios logra crear contra todo pronóstico la mayor multinacional textil del planeta, Inditex. Resulta alto revelador que la compañía nazca en la Coruña en el confín Atlántico, y no en la comunidad que durante un siglo largo disfrutó del monopolio del algodón y el textil. Lo mismo sucede con las ferias de muestra de Barcelona y de Madrid.

En realidad la libertad económica, unida al ensimismamiento nacionalista unida al cursimisnamiento nacionalista, sienta mal a Cataluña, acostumbrada a competir apoyada en las muletas del Estado intervencionista. Según la serie histórica de desarrollo regional de Julio Alcaide para BBVA, en 1930 la primera Comunidad en PIB por habitante era el País Vasco y la segunda; Cataluña, Galicia se perdía en el puesto quince. En el año 2000 Baleares era la primera: Madrid, la segunda, Navarra, la tercera, Cataluña caía en el cuarto lugar; y el País Vasco, al sexto; por su parte Galicia recortaba varios puestos.

LAS SORPRESAS DEL SIGLO XXI.

Pero lo gracioso de la historia es que hoy Galicia coloca sus bonos y presenta unas cuentas saneadas, mientras que Cataluña vuelve a estar sostenida por el Estado pues su deuda padece de la calificación de bono basura y se ha quedado fuera de mercado.

Galicia ha vadeado el sarampión nacionalista (Fraga fue un disperso presidente regional, pues su gobernanza fue un atolondrado ir de aquí para allá sin proyectos claros, pero tuvo una idea genial: ocupó el espacio del nacionalismo, creando un galleguismo sentimental pero sin ubicación en España).

Los gallegos saben que si un café vale 1,30 Euros en Tui y 90 céntimos en el otro lado del rio en Valença de Minho (Portugal), es porque formar parte de España y reporta un mayor nivel de vida, y asume que ese plus es lo que hace viable Galicia.

Por el contrario, Cataluña desconcertada al verse obligada a competir en el mercado abierto, desangradas su arcas por la manía de la representación, se deja embaucar por los cantos de sirena de la independencia, inculcada sin descanso por el aparato de poder nacionalista, con técnicas de propaganda de trazos demasiado gruesos.

España es una buena idea. La libertad, también. Y a veces, como ahora, libertad y España van unidas.

APENDICE 4: DATOS SOCIOECONÓMICOS, GEOGRÁFICOS, CULTURALES....

LA RENAIXENÇA.

No obstante, a partir del segundo tercio del siglo XIX se desarrolló la Renaixença, un movimiento cultural de recuperación del catalán como lengua de cultura. Ya en las décadas siguientes fue tomando cuerpo el catalanismo político, que se agrupó en partidos como la Liga Regionalista y posteriormente en Esquerra Republicana. Después de los primeros proyectos de autogobierno que culminaron primero en la Mancomunidad Catalana (1913-1923) y luego en la restauración de la Generalidad de Cataluña y aprobación del Estatuto de autonomía de Cataluña de 1932 durante la Segunda República, la Guerra Civil y el periodo franquista (1939-1975) supusieron, tanto en Cataluña, como en el resto de España, la anulación de libertades políticas, además de la prohibición del catalán en el ámbito oficial y educativo, que no fueron plenamente recuperadas hasta la Transición democrática y la entrada en vigor de la nueva Constitución española de 1978, en la que se reconoce la existencia de comunidades autónomas dentro de España. Al amparo de la Constitución se aprobó un nuevo Estatuto de Autonomía en 1979 que recuperó el uso oficial del catalán, posteriormente sustituido por el Estatuto de 2006, que tras algunas modificaciones dictadas por el Tribunal Constitucional en 2010, es el actualmente vigente.

ENTORNO FÍSICO

Cataluña tiene una diversidad geográfica relativamente muy marcada teniendo en cuenta lo pequeño de su territorio. La geografía está condicionada por el litoral mediterráneo al este con 580 kilómetros de costa, y las grandes unidades de relieve de los Pirineos al norte.

GEOLOGIA

El actual estado geológico de Cataluña puede comenzar a describirse desde los primeros grandes cambios del Paleozoico. Inicialmente el territorio tomará parte de una cuenca oceánica en la que, por reposo orogénico, se depositaban materiales sedimentarios finos y arcillosos. El desarrollo de plegamientos hercianos determinó una sedimentación más irregular que posteriormente produjo la inmersión (de baja altura) de varias áreas de orientación noroeste-sureste como el macizo del Ebro (actual depresión central catalana) y el macizo catalana balear, que surgieron al final de la era. Los materiales sedimentados de la época se transformaron en génesis, esquisto y pizarra que aflora hoy en día en la mitad norte de la Cordillera Litoral y Pirineo axial.

La era mesozoica cubrió de nuevo las áreas emergidas durante la era anterior, lo que provocó una sedimentación tranquila bajo el mar, generando gran cantidad de material calcáreo. Hoy en día este material se encuentra en la mitad sur de la cordillera litoral y en el Pre pirineo.

Al inicio de la siguiente era, la cenozoica, las placas tectónicas euroasiáticas y africana toman contacto y suavemente comienza a elevarse un dorso de pliegues y sierras mediante ero génesis alpina que dará lugar, entre otras, a los Pirineos. Este empuje incide también en el movimiento del macizo catalán balear hacia el Suroeste, cubriendo el macizo del Ebro, aún sumergido, lo que va generando que se vayan depositando materiales que darán lugar a la futura depresión central catalana. En la línea de costa se acumulan conglomerados depositados por los ríos y que darán lugar a las elevaciones destacadas de los macizos de Montserrat, Sant Llorenç de Munt, etc. Mientras, hacia el interior de la cuenca se acumulan arenas y arcillas que darán lugar al gres. Al cerrarse el macizo del Ebro, en forma de golfo, se originó un gran lago salado. Sus aguas fueron expuestas a una intensa evaporación que finalmente dieron lugar a grandes depósitos salinos de los que hasta hace poco aún se extraía sal en Súria y Cardona. La segunda mitad de la era erosionó por descompresión gran parte del macizo catalana balear, permaneciendo en una estrecha línea que conforman la depresión pre litoral, el llano de la Cerdaña, del Ampurdán, etc. Al final del período, los movimientos alpinos inciden en el sumergimiento de volcanes en la zona de Olot que perdurará hasta el cuaternario y los glaciales del Pirineo por conformar el territorio.

OROGRAFÍA

El relieve de Cataluña presenta, a grandes rasgos, tres grandes unidades morfo estructurales generales: los Pirineos, la formación montañosa que conecta la península Ibérica con el territorio continental europeo y este queda situado al norte de Cataluña, otra unidad formada por una alternancia de elevaciones y llanuras en paralelo a la costa mediterránea, llamado Sistema Mediterráneo Catalán o Cordilleras Costero Catalanas y una última unidad estructural situada entre las anteriores llamada depresión central que configura el sector oriental del valle del Ebro.

El Pirineo catalán representa casi la mitad en longitud de todo el Pirineo español, se distribuye a lo largo de más de 200 kilómetros .Tradicionalmente se ha diferenciado el Pirineo Axial, el Pre pirineo (meridional en el territorio catalán) y que son unas formaciones montañosas paralelas a las sierras principales aunque de menos altitud, menos escarpadas, y de una formación geológica diferente. Ambas unidades son más anchas en el sector occidental que en el oriental, y es ahí donde presenta sus mayores cumbres. La elevación más alta de Cataluña, que se encuentra al norte de la comarca del Pallars Sobirá, es la Pica d´Estats con 3143 metros de altitud. A lo largo de la frontera con Francia le siguen el Puig Pedrós con 2914 metros. El macizo de Besiberri alcanza los 3029 metros. Del Prepirineo destacan varias sierras y cimas como la sierra del Cadí (Vulturó, 2648 metros) o la del Pedraforca (Pollegó Superior, 2497 metros).

El sistema Mediterráneo Catalán tiene su base en dos cordilleras más o menos paralelas entre él y entre el mar siguiendo una orientación noreste-suroeste y son la Cordillera Litoral, la más próxima al mar y la Cordillera Pre litoral, es menos extensa y de menor altitud (Turó Gros, Sierra del Montnegre, 773 metros mientras que en la Pre litoral el rango es más amplio y de mayor altitud (Turó de l´Home, 1706 metros. Dentro del sistema se encuentra una serie de tierras llanas, cuyas entidades mayores forman la Depresión Litoral y la depresión pre litoral. La Depresión Litoral se sitúa al borde de la costa y es previa (exceptuando algunos sectores) a las Cordilleras Litorales. La Depresión pre litoral se sitúa en el interior, entre las dos cordilleras litorales. Y constituye la base de las tierras llanas del Vallés y el Penedés. Otras llanuras mayores son la Depresión de la Selva y el Llano del Ampurdán, respectivamente. Finalmente, en el Sistema también se incluye la Cordillera Transversal, que son unas formaciones tardías al norte de la Cordillera pre litoral y en contacto con el Pirineo, originando así altitudes medias y volcanes en la zona de la Garrocha hoy en día extintos.

La depresión central catalana es una llanura situada entre los pre pirineos y la Cordillera pre litoral. Las Comarcas del sur de la provincia de Lérida y las centrales de Barcelona ocupan este territorio. Sus tierras se sitúan entre los 200 a los 600 metros de altitud en un continuo de oeste a este, aunque cuenta con algunas estribaciones intermedias. Las llanuras y el agua que baja de los Pirineos han transformado esta zona en grandes campos de cultivo en los que se han construido numerosos canales de riego.

CLIMA

Sin duda, Cataluña goza de un clima mediterráneo, aunque con grandes variaciones de temperatura entre el litoral costero, con un clima suave, templado en invierno y muy caluroso en verano, el interior que tiene un clima continental mediterráneo, con inviernos fríos y veranos muy calurosos; y las zonas montañosas próximas a los pirineos, que tienen un clima de alta montaña, con mínimas bajo cero y nieve abundantes en invierno, precipitaciones anuales por encima de 1000 mm y veranos menos calurosos.

HIDROGRAFÍA

No obstante, Cataluña pertenece casi en su totalidad a la cuenca mediterránea. La red hidrográfica catalana presenta dos grandes cuencas hidrográficas mayores, la cuenca hidrográfica del Ebro y las cuencas internas de Cataluña de un tamaño similar sobre el territorio (15.038 km2 -46,84%- y 16.513 km2 51,43 % respectivamente), vertiendo ambas al Mediterráneo, a las que acompaña la cuenca del Garona que vierte sus aguas sobre el Atlántico y se extiende 554 km2, el 1,73 % del territorio catalán.

No obstante, Sin la cuenca del Ebro en Cataluña se sirve principalmente del río Segre como mayor tributario, cuya cuenca en solitario alcanza los 7455 km2, y al que se le suman como afluentes las cuencas del Noguera Pallaresa (2811 km2) Noguera ribagorzana (1013 km2) Y todos los ríos siguen un eje Pirineos-Ebro. Después de la afluencia del Segre, el Ebro se dirige hacia el Delta irrigando mediante otros afluentes en un territorio de 3757 km2, en buena medida enclavado en el área de las tierras del Ebro (Terras del Ebre)

Sin embargo, las cuencas internas de Cataluña se dividen habitualmente a partir de aquellos ríos que nacen en los pirineos No obstante las cuencas que conforman el eje Pirineo-Mediterráneo las conforman los ríos Llobregat, Ter, Fluviá y Tec (que discurren hacia el Rosellón). Y estas cuencas discurren por un área de 9.622 km2. Mientras que las cuencas restantes siguiendo el llamado eje Mediterráneo, nacen tanto en la Cordillera Litoral, Prelitoral como en la llanura del Ampurdán y riegan sus aguas por 6.890 km2. Los ríos más importantes son (de norte a sur) el Daró, Tordera, Besós, Foix, Gayá, Francolí y Cenia.

Sin duda, la más pequeña de las cuencas catalanas, las del río Garona, discurren mayoritariamente por el Valle de Aran. Recibe agua de numerosos ríos y barrancos que bajan por las laderas de las montañas del valle, y dentro del territorio catalán sus afluentes más largos son el Arriu Unhóla y el Arriu de Varrados.

Sin embargo, la cuenca del Ebro aporta una media de 18.700 hm3 anualmente, mientras que las cuencas internas únicamente disponen de 2020 hm3 al año. El desequilibrio viene causado por la aportación previa del Ebro (Alrededor de 6.700 hm3/año) al que se le añade el aporte pirenaico del

Segre (alrededor de 22.000 hm3/año) hacia el sur de la provincia leridana. Es alrededor de las comarcas de la depresión central que se ha aprovechado esas aguas para construir numerosos canales de regadío. Destacan los Canales de Urgel (478 hm3 el canal de Aragón y Cataluña (362 hm3 y el futuro Canal Segarra-Garrigas (342 hm3). Sin embargo, pese a su reducido caudal, de todas las cuencas españolas, es de las cuencas internas de Cataluña donde se utiliza más el agua para consumo humano (518 hm3). Pero este desequilibrio ha promovido el aprovechamiento en las comarcas litorales y orientales de aguas subterráneas, de las que Cataluña dispone bastantes reservas. No obstante, es habitual que en periodos de escasez de precipitaciones se produzcan cortes en el suministro a poblaciones, incluso en primavera. Por todo ello han sido consideradas varias opciones de trasvases. Con el fin de poder abastecerse de agua se cuenta con 28 embalses, de los cuales diez funcionan en la cuenca del Segre. Y de todos el más antiguo es el del pantano de Camarasa, construido en 1920, y los mayores son los de Canelles (679 hm3, compartido con Aragón) Rialp 402,8 hm3) Santa Ana (236,6 hm3, compartido con Aragón) y Susqueda (233 hm3).

Dentro del territorio hay pocos lagos considerables. Y sin lugar a dudas, la mayoría se encuentran en el Pirineo catalán en forma de pequeñas lagunas, originados por antiguos circos glaciales. De todos estos, son famosos los del Parque nacional de Aigüestortes y Lago de San Mauricio, aunque el mayor de todos es el del lago de Bañolas, de origen cárstico.

LA COSTA

Sin embargo, la costa catalana la divisa una línea generalizada de más de 500 km de longitud, aunque en definición alcanza los 754,8 km. La costa tiende a ser rectilínea sin grandes accidentes. Aunque los únicos accidentes marítimos los configura el contacto de los Pirineos con el mar, formando el cabo de Creus, junto al cual se halla el golfo de Rosas. Con posterioridad y hasta Blanes aparece la Costa Brava, caracterizada por acantilados de pequeña altura y calas escondidas. Después sigue una larga línea de playas del Maresme, en paralelo a la Cordillera Litoral, y que solo se corta por los varios puertos comerciales y pesqueros. Y la costa de Barcelona se caracteriza por las playas artificiales y un gran puerto comercial que se extiende a lo largo de más de nueve kilómetros. En la parte sur del puerto se desarrolló sobre la llanura del delta del Llobregat, que tras el puerto dibuja una línea suave de costa de algo más de dieciocho kilómetros. Después viene el macizo del Garraf que articula las costas en destacables acantilados y hasta después de Sitges la costa no vuelve a ser rectilínea (excepción de nuevo de numerosos puertos) orientándose hacia el sur, hasta la altura del puerto de Tarragona. Este es el segundo mayor puerto de Cataluña y se extiende por más de cinco kilómetros, antes de entrar en el cabo de Salou. Las playas de esta zona el nombre de Costa Dorada en su vertiente turística. Hacia el sur la costa es de nuevo suave, y se caracteriza por una menor ocupación humana. El último gran accidente geográfico lo determina el golfo de San Jorge y las tierras bajas del delta del Ebro, donde se hallan islas y penínsulas, como las de Punta del Falgar al norte y La Banya al sur, que queda unida al delta por la playa del Trabucador. La arena de las playas catalanas es generalmente dorada, y con cierta tendencia a ser granulosa al norte y más fina al sur.

USOS DEL SUELO

Aunque a pesar de la población y la industrialización de Cataluña, buena parte del suelo se conserva intacto a la mano del hombre. Y el paisaje forestal se distribuye por 18.257 km2 y se aprecia especialmente en las zonas montañosas del norte y de la costa. Todo esto incluye bosques claros y espesos (esclerófilos, caducifolios y aciculifolio) así como la vegetación de zonas húmedas. Los bosques ocupan el 565,8 % de la superficie catalana. Y cuantificado por extensión, la siguiente cubierta la ocupan los cultivos, extendiéndose por el 32,5 % del territorio (19.448 km2) De estos, destaca, la agricultura de secano, (7069 km2, extendido por varias comarcas y siendo características de la Segarra, Solsones, Bages y Anoia entre otras. En cuanto al cultivo frutal de secano se extiende principalmente por el sur de *Ponet* y las tierras del Ebro. Respecto a la vid, las viñas se extendían ese año por 769 km2, principalmente en el Penedés. La extensión del regadío es más restringido (2611 km2) y se distribuye principalmente por el Segriá, Plana de Urgel y alrededores, sobre todo mediante los numerosos canales de irrigación, así como el delta del Ebro, y en menor medida en el Ampurdán, la Cerdaña y en la costa de Barcelona. Y por último, el cultivo de árboles frutales por regadío es menos extenso, y se produce especialmente en el Segriá y el Campoo de Tarragona.

En cuanto a la presencia humana tenía en 2002 una extensión de 1520 km2 (un 4,7 % del territorio catalán) y se concentra en general, en la costa, especialmente en el Área metropolitana de Barcelona. Destaca la extensión de las urbanizaciones, superior al de los núcleos urbanos, y posteriormente el área destinada al uso industrial y comercial (229 km2)

Finalmente, el terreno inutilizado o inservible constituía un 5,4 % (1740 km2) y se extendía principalmente por las cumbres pirenaicas en forma de vegetación rosa o prado. La superficie ocupada por las aguas (de ríos, Lagos o presas) era de 150,5 km2, solo un 0,5 % de la superficie catalana.

ESPACIOS PROTEGIDOS

La protección del entorno natural catalán ha crecido rápidamente durante los últimos años. A fecha de 2006 el territorio terrestre protegido ascendía a 9.608 km2, prácticamente el 30 % de Cataluña. Los espacios difieren en grado de protección, en este sentido, el parque con mayor rango y antigüedad lo constituye el único Parque Nacional en territorio catalán, el Parque Nacional de Aigüestortes y Estany de Sant Maurici, inaugurado en 1955. Sin embargo, era ya desde 1932 que se pretendía proteger algunos espacios del Pirineo en el llamado Plan Maciá.

Sin duda alguna, hasta después de la restauración democrática y el gobierno autonómico no se volvió a legislar para proteger espacios naturales. En la actualidad, son varias administraciones (el Ministerio de Medio Ambiente, la Generalidad de Cataluña y la Diputación de Barcelona, junto a varios consorcios de municipios) las que se encargan de velar, proteger y promocionar los espacios protegidos. La Generalidad además de cogestionar el Parque de Aigüestortes, gestiona una red de 11 parques naturales, tres *Paratges Naturals d´interés Nacional,* una reserva natural (Delta del Llobregat) y una reserva narina (Islas Medas) Por su parte, la Diputación de Barcelona dispone de una Red de Parques Naturales *(Xarxa de Parcs Naturals)* dirigido por el Área de Espacios Naturales de la Diputación que extiende los espacios protegidos por doce parques de diferente grado de protección, algunos gestionados junto a la Generalidad. Además de esos parques, existe una red más extensa de espacios específicos protegidos mediantes leyes menos específicas cuyo objetivo es aunar la diversidad del territorio catalán y su flora y fauna local. Esta red, llamada PEIN *(Pla d'Espais d'Interés Natural)* incorpora además los parques nacionales antes mencionados que si cuentan con una legislación específica. A fecha de Abril de 2007, los espacios incluidos en el PEIN ascendían a 165.

DEMOGRAFIA

Población.

La población de Cataluña a 1 de Enero de 2015 era de 7.504.000 habitantes, con un porcentaje de personas de origen inmigrante del 14,49 %.

Solo la ciudad de Barcelona alberga a 1,6 millones de personas en 100 km2 de superficie.

Pero, alrededor de la capital se acumulan dos millones y medio de personas más que residen en un radio de menos de 25 kilómetros respecto a la capital. En la primera corona metropolitana se encuentran las ciudades de Hospitalet de Llobregat, Badalona, Santa Coloma de Gramanet, Martorell, Molins de Rey, San Felíu de Llobregat, Gavá y Casteldefelles. En el área metropolitana de Barcelona se concentra una población que supera los cuatro millones de habitantes. La segunda aglomeración urbana de Cataluña es la formada por la aglomeración de Reus Tarragona.

El resto de la población de Cataluña se vertebra en la costa norte (Costa Brava), la costa sur (Costa Dorada) , el valle del rio Llobregat hasta Manresa, y las ciudades interiores de Lérida (al oeste) y Gerona (al noroeste)-

LENGUAS

Sin embargo, en Cataluña se hablan varias lenguas, siendo las principales el catalán y el castellano o español. De acuerdo con el Estatuto de Autonomía, ambos idiomas, junto con el occitano (en su variante aranesa), son oficiales. Además se considera el catalán lengua propia de Cataluña, en tanto que el occitano se considera lengua propia del Valle de Arán. Generalmente los catalanes son bilingües y conocen las dos lenguas principales aunque difieren respecto al idioma que tienen por lengua materna. Según datos del 2013, el 99,7 % de los catalanes sabe hablar castellano en tanto que el 80,4 % sabe hablar catalán. Además el uso por habitante de uno u otro idioma depende con frecuencia del ámbito social en el que se exprese.

El catalán se extiende más allá del territorio de la ciudad, ya que se habla en gran parte de la Comunidad Valenciana, las Islas Baleares, la franja oriental de Aragón, Andorra, los Pirineos Orientales franceses y la localidad sarda de Alguer. En Cataluña se hablan los dos bloques principales de la lengua. El oriental incluye el dialecto central, mayoritario, que se habla en las comarcas del norte de Tarragona, Barcelona y Gerona, en cuya región pirenaica aparecen ya rasgos de catalán septentrional. El occidental de Cataluña (Lérida y sur de las tarraconenses) y muestra rasgos similares al valenciano, con el que forma un continuo y en cuya intersección se encuentra el tortosino. El catalán es especialmente preponderante fuera del área metropolitana de Barcelona y el Campo de Tarragona, La Generalidad ha venido desarrollando legislación que promueve y protege el uso social del catalán En 2008, la catalana era considerada la lengua materna del 35,4 % de los catalanes, la propia del 46 % y la de uso habitual del 47,6 % (los porcentajes incluyen también a los habitantes que consideran conjuntamente el castellano y al catalán como lengua materna, propia o de uso habitual)

Sin embargo, en Cataluña el catalán se mantuvo como lengua habitual en términos absolutos entre 1980 y 2008, en vez de retroceder como en la Comunidad Valenciana o el Rosellón. Pero el retroceso en términos relativos que se produjo en el período 2003-2008 se debe a la importante llegada de inmigrantes a Cataluña, más de medio millón en dicho período, un 36 % tienen al castellano como lengua materna. Otros estudios, como *La Segunda Generación en Barcelona. Un estudio longitudinal* (marzo de 2009). Fue aplicado al área metropolitana de Barcelona, señalan que aproximadamente al 80 % de los inmigrantes de la zona de estudio considerada prefiere utilizar el castellano, un porcentaje superior al de los que lo hablan por su origen. Y los autores creen que es así por haberse instalado los inmigrantes en barrios donde el castellano es más usual.

Aunque con respecto a la distribución territorial (datos del 2013), el uso del catalán (Exclusivo sin contar a quienes hablan también habitualmente en castellano) es predominante en las áreas funcionales de las Comarcas gerundenses (51,5 %). Poniente (61,9 %) Cataluña Central (63,0 %) y Alto Pirineo y Arán (61,3 %), donde (51,5 %) Tierras del Ebro (73,8 %) Poniente (61,9 %) Cataluña Central (63,0 %) y Alto Pirineo y Arán (6l,3 %) donde el catalán como lengua habitual (exclusiva) es usado por más del 50% de la población. Los grados menores de uso exclusivo se dan en el Campo de Tarragona (38,6 %) y el área metropolitana de Barcelona (27,8 %). Respecto a los datos de 2003, se observan un retroceso porcentual de los hablantes habituales exclusivos de catalán en todas las áreas, que va del 8,8 % en Poniente al 16,5 del Campo de Tarragona.

La Generalidad de Cataluña ha llevada a cabo una labor de fomento y concienciación del uso del catalán como la lengua prioritaria en Cataluña. Tanto el Estatuto de Autonomía de 1979 como el de 2006 definen al catalán como lengua propia de Cataluña. El Estatuto de 2006 indica además que:

"La lengua propia de Cataluña es el Catalán. Como tal, es la lengua de uso normal y preferente de las Administraciones públicas de los medios de comunicación públicos de Cataluña, y es también la lengua normalmente utilizada como vehicular y de aprendizaje en la enseñanza"

Estatuto de Cataluña, artículo 6.1

En 20013 el castellano era la lengua más hablada de Cataluña, superando al catalán no solo como lengua habitual, sino también como lengua materna y de identificación, tanto en cifras relativas como absolutas. El castellano de Cataluña tiende a predominar en las áreas urbanas, especialmente en el área metropolitana de Barcelona y en el Campo de Tarragona, mientras que el catalán predomina en el resto de Cataluña. La variación de estos datos respeto a otras mediciones está determinada en parte por el importante aumento de la inmigración de población foránea en el periodo 2001-2008. En el año 2007, el número de residentes nacidos en el extranjero, de los que un número consideran lo era procedente de países latinoamericanos, representaba el 16,4 % de la población residente, de Cataluña. El castellano que se habla en Cataluña tiene rasgos dispares, sin mostrar un dialecto específico. Algunos hablantes del castellano que son originarios de otras regiones de España dialectales propios de su tierra de origen son originarios de otras regiones de España muestran rasgos fonéticos y dialectales propios de su tierra de origen, mientras que otros neutralizaron esos rasgos, ya sea a voluntad, por contacto con catalanohablantes, por la influencia de los medios de comunicación, etc. Los catalanohablantes que hablan castellano muestran algunas consecuencias de su lengua materna y sus rasgos son, a veces, estereotipados como los propios de los catalanes al hablar en lengua castellana. En 2008, el castellano era la lengua materna del 58,8 de los catalanes, la propia del 55,3 % y la habitual del 57,9 % (los porcentajes incluyen también en los habitantes que consideran conjuntamente al castellano y al catalán como lengua materna, propia o de uso habitual).

El aranés es la lengua materna del 22,4 % de la población del Valle de Arán, la propia del 27,1 % y la habitual del 23,4 % de la población del Valle de Arán, la propia del 27,I % y la habitual del 23,4 %.

La comunidad inmigrante o foránea instalada en Cataluña a menudo mantiene su lengua materna para comunicarse con sus familiares o habitantes de su mismo idioma que residan también en el territorio. Aparte del castellano hablado por los inmigrantes procedentes de Hispanoamérica, destacan sobre todo el árabe y el rumano, si bien su número se extiende considerablemente en ciudades que como Barcelona, con habitantes de hasta 131 nacionalidades, muestra un amplio repertorio lingüístico, de los que además de los citados destaca el francés, el portugués, el alemán y el inglés. La encuesta estadística de uso lingüístico de la Generalidad realizada en 2003 revelaba también la presencia importante de hablantes de galleo.

DESARROLLO HISTÓRICO

En el actual territorio catalán han existido durante la historia varias lenguas. La primera conocida, o parcialmente conocida es la lengua íbera, que es el origen etimológico de varios topónimos, de igual manera que en la zona noreste de la región se encuentra topónimos cuyo origen se encuentra en el aquitano (protoeuskera), aunque no se conocen con exactitud los hábitos lingüísticos de sus hablantes. El estudio de la colonización e implantación griega del Ampurdán evidencia el uso del griego jónico como lengua local, los pobladores tal vez tenían cierto bilingüismo en ibero para llevar a cabo sus intercambios comerciales. Existe además una buena cantidad de topónimos celtas, presumiblemente de una variedad emparentada con el galo (*Besalú <Bisuldum, Verdú <Virodunum, etc.*) La llegada y establecimiento de los romanos es más clara y la implantación del latín más evidente, sobre todo en cerámica y toponímica. La conquista de Hispania y victoria de los romanos sólo fue posible tras la victoria sobre los cartagineses, aunque la breve presencia de este pueblo fenicio no dejo influencias notables en la actual Cataluña. Durante un tiempo se creyó que Barcelona fue una fundación cartaginesa, con el establecimiento de población de esa etnia, aunque posteriormente se desestimó y se cree esta un establecimiento romano sobre una población previa indígena. La romanización, iniciada ya en el siglo II a. de C. penetró profundamente en los íberos que dejaron gradualmente su lengua para adoptar el latín, si bien, en algunas zonas pirenaicas siguió hablándose alguna forma de vascuence durante algunos siglos más, se cree que al menos hasta el siglo IX sobre la base de la toponimia. Es posible la llegada de comunidades judías, de habla hebrea, establecidas en Barcelona u otras ciudades ya en el siglo IV.

Posteriormente, con la llegada de los pueblos germánicos, se estableció una población de lengua gótica que ocupó los estratos de poder, aunque progresivamente adoptaron algunas costumbres romanas y su lengua, que ya había evolucionado al estadio tardío y mostraba algunas diferencias entre las provincias. Sin embargo, la manifestación de diferencias sustanciales no llegó hasta el siglo IX, posterior la entrada de musulmanes en la península

Ibérica. Esta población, de origen árabe y bereber era poco numerosa pero asumieron los espacios de poder de las visigodos y gradualmente fueron expandiendo su cultura y su lengua árabe. Su presencia en el actual territorio catalán fue superior en el sur (la llamada Cataluña Nueva) donde quedan algunos topónimos y mayor presencia arqueológica musulmana. La Reconquista cristiana fue tomando territorios del Emirato de Córdoba primero y de las taifas de Lérida y Tortosa después, en cuyos territorios a veces se asumía a la población local, más arabizada o se renovaba con habitantes de los condados catalanes. Esta mezcla etnográfica fue pacífica generalmente, a veces los gobernantes promovieron la cristianización de la sociedad con el tiempo tomó preeminencia la lengua de los cristianos, y para el siglo XI la élite social ya utilizaba el romance catalán en sus textos literarios y jurídicos. El catalán es la lengua de la Corona cuya expresión literaria alcanza en el Medievo su periodo de esplendor. El uso de la lengua castellana en Cataluña parece iniciarse por la elección en 1412 de Fernando I como rey, de origen castellano, cuya corte adopto esa lengua y que iría ganando prestigio internacional debido al demográfico y cultural castellano.

En los siglo siguientes los comerciantes, literarios y las clases altas fueron adoptando progresivamente la lengua castellana, cuyos intereses económicos y referentes culturales se orientaron hacia la Península y América, mientras que las clases bajas y rurales siguieron manteniendo el uso familiar y popular del catalán. La evolución de este proceso incrementó su intensidad por la imposición política que siguió a la derrota del mando austracista (cuyo mayor apoyo dentro de España era la Corona de Aragón) en La Guerra de Secesión Española en el 1714 y los Decretos de Nueva Planta de 1716, que consideraban a Cataluña territorio conquistado y que supusieron la suspensión de sus fueros. La política borbónica imperante inducía a la unificación del Estado en todos sus aspectos, de los que la lengua no fue una excepción. El catalán fue relegado a favor del castellano en la administración, el ejército, la religión, la historia, la justicia, la enseñanza, el comercio y las artes mediante imposición legislativa. Sin embargo, el catalán siguió manteniéndose como lengua familiar. La situación política y cultural del siglo XIX el catalán tenía una lengua familiar. La situación política y cultural del siglo XIX permitió el resurgimiento de la *Renaixença* ("Renacimiento) que motivó a muchos escritores a adoptar de nuevo la lengua catalana para su literatura, este motivo propicio el prestigio del idioma. Posteriormente el catalanismo defendería el catalán desde el frente político, y ya entrando el siglo XX el catalán tenía una amplia variedad de medios de difusión sin embargo, las tiranteces políticas repercutieron en la prohibición del idioma en varias ocasiones, como con la dictadura de Primo de Rivera. Durante la Segunda República Española, la cooficialidad del catalán introducida por el estatuto de autonomía de Cataluña permitió el uso de los idiomas en la administración y se permitió el catalán en la enseñanza, sin embargo, la Guerra Civil y la dictadura franquista dieron paso a la prohibición de su difusión pública y su enseñanza, esto, unido al movimiento migratorio de los años sesenta desde otras regiones de España, puso trabas a la presencia de la lengua catalana en Cataluña. La transición democrática introdujo en la Constitución la posibilidad de adoptar lenguas oficiales, que en el estatuto catalán significó la cooficialidad del catalán junto al castellano para la autonomía de Cataluña.

LEGISLACIÓN LINGÜISTICA

Pero la consideración legal de las lenguas ha variado sustancialmente desde la Transición democrática. La Constitución de 1978 menciona en su tercer artículo al castellano como la "lengua española oficial del Estado" así como a las demás lenguas españolas "oficiales en las respectivas Comunidades Autónomas según sus Estatutos". En consonancia, el Estatuto de Autonomía de 1979 oficializa el castellano y el catalán como lenguas oficiales (el catalán de Cataluña, y el castellano en tanto es la oficial del Estado español. El Estatuto del 2006 asegura además que "todas las personas tienen derecho a utilizar ambas y los ciudadanos de Cataluña el derecho y el deber de conocerlas" El mismo artículo precisa que la lengua propia de Cataluña es el catalán, y "como tal, el catalán es la lengua de uso normal y preferente de las Administraciones públicas y de los medios de comunicación públicos de Cataluña, y es también la lengua normalmente utilizada como vehicular y de aprendizaje en la enseñanza" Finalmente el aranés (Nombre dado a la lengua occitana en el Valle de Arán) es considerada desde 2006 como la lengua propia de aquel territorio y oficial también en Cataluña. El mismo Estatuto de Autonomía decía en un capítulo (Titulo I. Capítulo II *De los derechos y deberes lingüísticos)* que determina el derecho a no ser discriminado por razones lingüísticas y garantiza la validez y uso de ambas lenguas en la Administración pública y otras instituciones oficiales.

El mismo Estatuto estipula el respecto por la lengua de signos catalana (LSC) y obliga a los poderes públicos a garantizar su uso y protección

LEGISLACIÓN

Cataluña es definida como nacionalidad histórica en el Estatuto de Autonomía, al amparo de lo dispuesto en el artículo segundo de la Constitución española, que reconoce y garantiza el derecho a la autonomía de las nacionalidades y regiones que integran España.

ADMINISTRACCIONES PÚBLICAS

En Cataluña hay presentes cuatro administraciones públicas, con diferentes niveles de responsabilidad y competencias políticas: La Administración General del Estado, la Generalidad de Cataluña, las diputaciones provinciales, y los ayuntamientos. La Administración General del Estado se ocupa de diferentes cuestiones como la seguridad (fuerzas Armadas) la justicia, la gestión de puertos y aeropuertos, los trenes de la red nacional de los Ferrocarriles Españoles y las costas, entre las competencias más destacadas. A lo largo de los últimos años, el Cuerpo Nacional de Policía y la Guardia Civil, dentro del marco de competencias, han sido relevados en la mayoría de sus competencias por el despliegue progresivo sobre el territorio de los Mossos de Escuadra, policía autonómica. La Administración del Estado en Cataluña está coordinada desde la sede de la Delegación del Gobierno es designado directamente por el Gobierno de España por decreto.

La Generalidad de Cataluña, sistema institucional en que se organiza políticamente el auto gobierno de Cataluña, tiene amplias competencias y gestión diferentes ámbitos, como puede ser educación, asuntos sociales, tránsito, determinación de políticas económicas y de comercio, etc. La Generalidad es también la responsable de la construcción de equipamientos públicos como hospitales, escuelas de primaria y secundaria, universidades, residencias para la tercera edad, entre otras.

AUTOGOBIERNO

Cataluña, como otras regiones autonómicas españolas, cuenta con unas amplias competencias trasferidas por el Estado. Actualmente, la Generalidad tiene competencias en materias como cultura, turismo o vivienda. En otras áreas, como ordenación del crédito, banca y seguros, le corresponde el desarrollo legislativo y la ejecución de la legislación básica del Estado. Finalmente, en materias como propiedad intelectual e industrial le corresponde la ejecución de la legislación estatal.

SEGURIDAD

Cataluña dispone de una policía autonómica denominada Mozos de Escuadra-Policía de la Generalidad (en catalán *Mossos d'Escuadra-Policía de la Generalitat)* al amparo de lo dispuesto en la ley de fuerzas y cuerpos de seguridad del Estado, Guardia Civil y Cuerpo Nacional de Policía, que dependen directamente del Ministerio del Interior, asumiendo la policía autonómica catalana las competencias en seguridad pública, que incluyen algunas de las funciones que tanto Guardia Civil y Policía Nacional venía desempeñando hasta ahora, principalmente en materias de seguridad y de tráfico. El Estado mantiene en Cataluña, una vez terminado el despliegue, un número limitado de agentes para ejercer las funciones atribuidas en exclusiva a la Administración General del Estado como terrorismo y tráfico de drogas, la vigilancia de puertos, aeropuertos, costas y fronteras, aduanas, control de entrada y salida del territorio nacional, régimen general de extranjería , extradición y expulsión, emigración e inmigración, documentos oficiales de identidad, tráfico de armas y explosivos, protección fiscal del Estado, contrabando y fraude fiscal y las otras funciones que la Constitución y la ley establecen.

REGIMEN FISCAL

A diferencia del País Vasco y de Navarra, cuyas relaciones de orden tributario con el Estado están reguladas mediante sus respectivos sistemas forales tradicionales, y de Canarias, Ceuta y Melilla, para las que la ley orgánica prevista en el artículo 157.3 de la Constitución, de financiación de las comunidades autónomas, establece peculiaridades. Cataluña, al igual que las comunidades restantes, carece de una autonomía fiscal especial. La mayoría de los impuestos son recaudados por la Agencia Estatal de la Administración tributaria, por lo que sus ingresos dependen de las transferencias que recibe de la administración central.

SISTEMA POLÍTICO

En 1931 se produce un primer establecimiento de una autogobierno para Cataluña, que desaparece tras la Guerra Civil Española de 1936-1939, Posteriormente en 1977 con la aprobación de la Constitución Española se otorga a Cataluña la capacidad de autogobierno en algunas materias. Se crean a partir de esa fecha el Parlamento de la Generalidad la Presidencia de la Generalidad y el Gobierno de la Generalidad, que son sus principales instituciones de autogobierno, así como por el resto de organismos creados por ley del Parlamento catalán.

PODER EJECUTIVO

En el territorio catalán, además del gobierno Español, ejerce sus competencias ejecutivas el Gobierno catalán se compone del presidente de la Generalidad, el primer consejero, si procede, y los consejeros. Ejerce la función ejecutiva y la potestad reglamentaria.

PODER LEGISLATIVO DE CATALUÑA

El Parlamente de Cataluña se compone de ciento treinta y cinco diputados, elegidos para un plazo de cuatro años mediante sufragio universal, libre, igual, directo y secreto. El Parlamento ejerce la potestad legislativa, aprueba los presupuestos de la Generalidad y controla e impulsa la acción política y de Gobierno.

PODER JUDICIAL EN CATALUÑA

Según lo dispuesto en el artículo 152.1 de la Constitución, el Tribunal Superior de Justicia de Cataluña culmina la organización judicial en el ámbito territorial de Cataluña.

Al amparo de lo dispuesto en el Estatuto de Autonomía de Cataluña se rige por el derecho civil catalán cuya conservación, modificación y desarrollo es competencia exclusiva de la Generalidad. Así mismo, de acuerdo con el del Síndico de Agraviso (sindic de Greuges en catalán, equivalente al Defensor del Pueblo), que vela por la defensa de los derechos fundamentales y las libertades públicas de los ciudadanos en sus relaciones con las administraciones públicas.

FORMACIONES POLÍTICAS

Las principales formaciones políticas de Cataluña –partidos políticos, candidaturas y coaliciones-, presentes en el Parlamento de Cataluña, son los siguientes:

- la lista conjunta Junts pel Sí), formada por Convergencia Democrática de Cataluña, Esquerra Republicana de Cataluña, Demócratas de Cataluña,

Moviment d'Esquerres, Reagrupament Independentista, Catalunya Sí, Avancem y diversas plataformas ciudadanas como Asamblea Nacional Catalana y Omnium Cultural;

- el partido Ciudadanos-Partido de Ciudadanía, nacido de la plataforma cívica y cultural Ciutadans de Catalunya;
- el Partido de los Socialistas de Cataluña, partido independiente y asociado al Partido Socialista Obrero Español, formado tras la fusión de los tres partidos socialista regionales existentes durante la Transición: Partit Socialista de Catalunya-Congres, Partit Socialista de Catalunya-Reagrupament y la Federación Catalana del PSOE;
- la coalición de Catalunya Sí que es Pot (Cataluña Si se Puede). integrada por iniciativa per Catalunya Verds..
  Esquerra Unida Alternativa, Podemos y Equo.
- el Partido Popular Catalán, la delegación del Partido Popular en la comunidad.
- la Coalición Candidatura de Unidad Popular-Llamada Constituyente de la que son miembros Candidatura de Unidad Popular-Llamada Constituyente por la Ruptura, Lucha Internacionalista. En Lucha. Corriente Roja. Els Verds-Alternativa *Verda*. Endavant. Poble Lliure, Arran. Sindicato de Estudiantes de los Países Catalanes. Coordinadora Obrera Sindical y diversos partidos de ámbito local.

ORGANIZACIÓN TERRITORIAL

Cataluña se organiza territorialmente en comarcas, municipios y provincias. Históricamente, también se ha organizado en regiones y veguerías, denominación esta última recuperada con el nuevo Estatuto de Autonomía-

PROVINCIAS

Las provincias constituyen la división administrativa más antigua aún vigente en Cataluña. Parten de la agrupación de municipios y toman el nombre de sus capitales. El poder Judicial parte de la división provincial para establecer los partidos judiciales agrupando los municipios que quedan adjudicados bajo una misma sede judicial. La comunidad autónoma de Cataluña surgió mediante la unión formal de cuatro provincias.

COMARCAS

La Generalidad de Cataluña estableció una división administrativa en cuarentena y una comarca, los órganos rectores de las cuales son los Consejos Comarcales, La división comarcal de Cataluña tiene su origen en un decreto de la Generalidad republicana de 1936, que tuvo vigencia hasta el final de la Guerra Civil. La división comarcal fue nuevamente adoptada por ley del Parlamento en 1987. Esta división se basó en criterios geográficos y de mercado local, que coincide en una medida con anteriores entidades de territorio de gran tradición. Solo hay cuatro comarcas (Bergadá, Cerdaña, Osona y Selva) que incluyen municipios pertenecientes de dos provincias, mientras que el resto lo hacen plenamente manteniendo las mismas fronteras de municipios.

El Valle de Arán en aranés, *Val d´Aran)* merece atención especial ya que, aunque está incluido dentro de la organización comarcal, goza de mayor autonomía, de acuerdo con la *Ley 16/1990, sobre el régimen especial del valle de Arán,* aprobada por el Parlamento de Cataluña.

MUNICIPIOS

El municipio es la base territorial de Cataluña donde se cuentan por 946, de los cuales a fecha de 2008 (INE), 482 tenían menos de 1000 habitantes. 119 superan la población como para ser considerada ciudad, y 63 superan los 20.000 habitantes (en los que vive el 70% de la población catalana.)

ECONOMÍA

Cataluña es un territorio de tradición industrial desde el siglo XIX En la actualidad la industria, el turismo y los servicios son los principales sectores económicos de Cataluña. El crecimiento medio anual del periodo 1995-2004 en términos reales fue inferior a la media española. En el año 2014, la economía catalana creció un 1,4 % el mismo porcentaje que la media española y por encima de la media europea. Según las mismas fuentes oficiales, Cataluña está en el cuarto lugar de la clasificación de comunidades según el PIB per cápita en Paridades del Poder Adquisitivo y es la que más aporta al total del PIB español (18,7 %, año 2014).

La tasa de paro en Cataluña a finales del 2014 era del 19,9 por ciento: un 20,2 en hombres 19,6 en mujeres.

La industria, la construcción, el turismo y los servicios son los principales sectores económicos de Cataluña.

Cataluña es el primer destino turístico de España los 16,7 millones de turistas que recibió entre enero y diciembre de

2014 suponen un 25, 8 % del total de las llegadas registradas en toda España, y representa un incremento del 7,2 % respecto al mismo período del año anterior. Los principales destinos turísticos de Cataluña son la ciudad de Barcelona, las playas de la Costa Brava gerundense y la Costa Dorada tarraconense (donde también se encuentra el parque lúdico de Port Aventura), y la zona del Pirineo, donde hay 10 estaciones de esquí: Baqueira Beret, La Molina, Espot Esquí, La Masella, Port Aainé, Vall de Nuria, Boí Taull, Por del Comte, Rasos de Peguera, Tavascan y Vallter 2000.

La vivienda es el mayor motivo de endeudamiento de los catalanes. En este sentido, cabe señalar que Cataluña es, tras Madrid, la segunda comunidad de España donde está más caro el precio de la vivienda: se pagan de media 3397 euros por metro cuadrado, según datos de la Sociedad de Tasación a 31 de diciembre de 2005- Por ciudades, sin embargo, Barcelona es la ciudad más cara de España, con un precio medio de 3700 euros el metro cuadrado.

Desde el punto de vista financiero, cabe destacar la gran implicación y tradición que en Cataluña tiene la caja de Ahorros y Pensiones de Barcelona conocida como "La Caixa" y que es la primera caja de ahorros de Europa, y Caixa Catalunya. En cuanto a bancos, el más importante de Cataluña es el Banco de Sabadell, cuarto grupo bancario español.

La bolsa de Barcelona, que en el año 2011 negoció 212.825 millones de euros es la segunda más importante, de España tras la bolsa de Madrid. Por su parte, la Feria de Barcelona organiza todo tipo de muestras y congresos de carácter internacional sobre varios sectores de la economía.

CENTRALES TÉRMICAS

+Central Nuclear de Ascó, Tarragona

+Central nuclear de Vandellós, Tarragona

TRANSPORTES Y MOVILIDAD

Cabe destacar de los transportes en Cataluña el sistema tarifario empleado en el transporte público de todas sus provincias. El T-Mobilitat será el último avance en integración de transporte, permitiendo a los ciudadanos de Cataluña utilizar un único billete para todos los modos de transporte adheridos que actualmente se encuentran fraccionados en cuatro sistemas integrados distintos.

CONGRESOS Y SALONES DE EXPOSICIONES

En Cataluña se organizan un gran número de congresos que solamente en la Fira de Barcelona ubicada en Barcelona y Hospitalet de Llobregat, recibe la visita de más de tres millones de personas.

CIENCIA

La investigación científica y tecnológica ha sido uno de los pilares del desarrollo de Cataluña. Entre los científicos catalanes más célebres cabe mencionar a Narciso Monturiol, el astrónomo José Comas y Solá, el climatólogo Eduard Fontseré, o al bioquímico Joan Oró.

Actualmente se está haciendo una gran inversión económica por parte de las administraciones públicas y de entidades privadas para potenciar al máximo las investigaciones científicas y tecnológicas, no sólo en los centros universitarios sino en investigaciones privadas. Destacan en este ámbito el trabajo de instituciones como El Consejo Superior de Investigaciones Científicas en Cataluña.

En este sentido, cabe destacar la próxima inauguración del Parque de Investigación Biomédica que se está construyendo en Barcelona, y que será el más importante de Europa en el terreno Biomédico el proyecto del barrio 22 arroba de Barcelona, con el que se incentiva la instalación de todo tipo de empresas punteras en el ámbito tecnológico europeo y la puesta en marcha con la inauguración por parte de los presidentes Montilla ,Zapatero y la ministra de Ciencia e Innovación, Cristina Garmendia del sincrotrón de Sardanyola del Vallés. En Tarragona puede visitarse el Museo de la Ciencia y de la Técnica de Cataluña, y en Barcelona el Cosmo Caxia, antes llamado Museo de la Ciencia.

El Arte de Cataluña.

PINTURA

Los pintores catalanes de más relieve internacional son Salvador Dalí, Joan Miró y Antoni Tápies, todos ellos pertenecientes al siglo XX. Muy ligado al ambiente pictórico de Cataluña estuvo también el malagueño Pablo Picasso que vivió su juventud en Barcelona, donde se formó como artista e inició el cubismo pintando, entre otras obras, *Las señoritas de Avignon*. Otros catalanes que también han dejado huella en el mundo de las artes plásticas son Ramón Casas, José María Subirachs o Mariano Fortuny.

Los museos pictóricos más relevantes de Cataluña son: el Teatro-Museo Dalí, en Figueras (Gerona), El Museo Picasso de Barcelona, la Fundación Antoni Tapies y la Fundación Joan Miró ambos de Barcelona, donde también son destacables el Museo Nacional de Arte de Cataluña (MNAC), el Museo de Arte Contemporáneo de Barcelona (MACBA), el Centro de cultura Contemporánea (CCCB) y Caixa Forum Barcelona.

MÚSICA

La música es una de los sectores más vigorosos de la industria cultural de Cataluña, tanto por el número de actividades y eventos musicales que tienen lugar a lo largo del año, como por la red de recintos musicales, y por la cantidad de productoras, compositores, intérpretes y grupos de diferentes géneros surgidos en Cataluña.

*Compositores: Los compositores catalanes de mayor dimensión internacional son Pau Casals, Isaac Albeniz y Enrique Granados, aunque también, en el siglo XX, destacaron artistas como Xavier Cugat, Xavier Montsalvatge, Tete Montoliu y Federico Mompou, entre otros.

*Cantautores. Proliferaron sobre todo en la segunda mitad del siglo XX, y especialmente en el ámbito de la música en la lengua catalana, con motivo del movimiento de la *Nova Canço.* Destacan en este ámbito artistas como Lluís Llach, Joan Manuel Serrat, María del Mar Bonet, o Francesc Pi de la Serra. En lengua castellana han destacado el propio Serrat (que combina obras en catalán y castellano), Luis Eduardo Aute o Manolo García.

*Intérpretes y conjuntos musicales. El Violonchelista Pau Casals y la pianista Alicia de Larrocha son los intérpretes de música clásica más prestigiosos de la música catalana. Del ámbito de la ópera destaca Montserrat Caballé y Victoria de los Ángeles y los tenores José Carreras y Jaime Aragall. En el terreno del pop y rock, desde la segunda mitad del siglo XX, han surgido en Cataluña numerosos intérpretes, especialmente en lengua castellana Los Sirex, Santabárbara, Loquillo, y Los Trogloditas. El último de la fila, Jarabe de Palo. Los rebeldes, Sergio Dalma o Mónica Naranjo son los máximos exponentes. En ,los años noventa se produjo el fenómeno del rock catalán , en el que destacaron grupos como Els Pets, Sopa de Cabra o Sau y cantantes como Quimit Portet, que rivalizaron el pop rock en lengua catalana. Con la rumba catalana han destacado artistas como el Pescadilla, Peret, Gato Pérez, Los Manolos y, últimamente, Estopa, que ha fusionado la rumba con el pop-rok.

*Recintos musicales. Los escenarios más importantes de Cataluña están situados en la ciudad de Barcelona. Destacan especialmente el Liceu, el Palacio de dela Música Catalana, el Auditori (sede oficial de la "Orquesta Sinfónica de Barcelona i Nacional de Cataluña (OBC)" y el Teatre Nacional de Cataluña. Los conciertos multitudinarios de pop y rock suelen llevarse a cabo en el Palau Sant Jordi, el Palau dels Esports de Barcelona, e incluso el Estadio Olímpico Lluís Companys o el Camp Nou.

*Actividades musicales. Aparte de los frecuentes conciertos y actividades que se programan en los principales escenarios barceloneses, en Cataluña tienen lugar diversos festivales musicales de carácter internacional, con periodicidad anual. En Barcelona destacan el "Festival de Primavera Sound", de música electrónica, que se celebra en el mes de mayo durante tres días, El "Festival Sónar", en junio para la música electrónica y multimedia, y el "Festival Grec", mucho más eléctrico, durante el mes de mayo durante tres días, el "Festival Sónar", en junio para la música electrónica y multimedia, y el Festival Grec, mucho más eléctrico, que durante el mes de julio ofrece variadas propuestas en diferentes escenarios de la ciudad Fuera de Barcelona destacan el "Mercat de Música Viva de Vic, el "Festival de Perelada, el Festival de Jazz de Tarrasa, el Festival Internacional de Dixeland de Tarragona y el Festival Internacional de Música de Pau Casals de El Vendrell Otra de las citas anuales destacables es la Feria .internacional del disco de Cataluña.

CULTURA POPULAR

Una de las manifestaciones más conocidas de la cultura catalana son los *castellers* : el levantamiento de castillos humanos por parte de *colles castellers* (peñas) que rivalizan entre ellas. Esta práctica, originaria de las tierras tarraconenses, en concreto de la ciudad de Valls, se extendió por toda Cataluña y en los últimos años ha recibido un gran impulso social gracias a las retrasmisiones televisivas y la creación de nuevas *collas.* La sardana es la danza popular catalana por antonomasia, aunque también son tradicionales el baile de los bastones, la *moixiganga* y la jota de las tierras del Ebro, muy similar a la jota aragonesa.

Musicalmente son características de Cataluña las *habaneras,* especialmente en las localidades marinas de la Costa Brava. En los meses veraniegos proliferan las cantadas populares al aire libre, siempre acompañadas de la degustación de ron quemado. También es muy representativa de la cultura popular la rumba catalana.

En las fiestas señaladas o fiestas mayores siempre suelen estar presentes otros elementos de la cultura popular catalana: los desfiles de gigantes y cabezudos y los *correfocs* con diablos y petardos. Una de las fiestas más populares y tradicionales de Cataluña es la Patúm de Berga, declarada por la Unesco patrimonio oral e inmaterial de la Humanidad.

Es significativo, también la tradición del *Tió de Nadal,* el día de Navidad o, según la casa durante la víspera se pone al *Tió* al fuego y se le hace "Cagar". Ahora ya no se quema el *Tió,* tan solo se le obliga a "cagar" repetidamente los regalos para los más pequeños a base de arremeter continuados golpes de bastón acompañados de las llamadas canciones del *Tió.*

Además de las manifestaciones propias de la cultura popular catalanas. En Cataluña también se puede disfrutar de manifestaciones culturales propias de otras regiones españolas fruto de la gran inmigración que ha recibido el territorio el último siglo y medio. En este sentido, son especialmente notables las actividades de la población de origen andaluz, y que tienen su máxima expresión en la organización de la Feria de Abril de Cataluña.

GASTRONOMÍA.

La gastronomía de Cataluña posee una gran tradición culinaria. Sus procesos culinarios ya se describen documentalmente desde el siglo XV. Ofrece una gran variedad de productos tanto del mar como de la montaña, y la huerta. Siendo en algunas ocasiones característica la mezcla de ambas como es el caso de los mar y montaña. La cocina catalana ha aportado una serie de platos típicos de la región con guisos de pescado como los suquets o la zarzuela, la escudella (una especie de cocido) la calçotada, y la salvitxada. Es típico de Cataluña el *pa amb tomaquet,* pan con tomate que acompaña a muchos platos de carne o embutidos. Las salsas como el alioli y el romesco son las salsas más características de la cocina catalana.

Es destacable la riqueza de embutidos que se elaboran en la comarca de Osona, especialmente el fuet de Vic. Las butifarras de diversas composiciones.

En cuanto a la repostería, son famosas las cremas catalanas, los panellets que se elaboran especialmente en Navidad, el *Menjar blanc* etc. Cataluña también se distingue por su gran tradición vinícola. Las zonas del Penedés, Alella, Priorat y el Segre son grandes productos de una gran calidad de vinos. El más conocido y exportado es el cava del Penedés, cuya producción lideran empresas familiares como Freixenet y Codorniu. Cabe anotar que Cataluña ofrece una gran variedad de restaurantes con cocina de todas las regiones españolas, así como de cocina internacional. Pese a que Barcelona es la ciudad con mayor variedad de restaurantes. Los más prestigiosos y distinguidos con estrellas Michelín en el año 2012, son el ·"San Pau" de Carme Ruscalleda que se encuentra en San Pol de Mar y el Celler de Can Roca en Gerona. Otros referentes gastronómicos han sido "El Bulli" de Ferrán Adriá, que se encontraba en Rosas (Gerona) cerrado el 30 de julio del 2011; y el restaurante "Can Fabes" de Santi Santamaría situado en San Celoni.

MEDIOS DE COMUNICACIÓN.

Cataluña es, junto a la Comunidad de Madrid, la comunidad española con mayor número de medios de comunicación, tanto audiovisuales como escritos. Hay una gran cantidad de medios de comunicación tanto en lengua catalana como castellana, e incluso un gran número de medios bilingües.

TELEVISIÓN.

Televisión de Cataluña, sociedad pública de la Corporación Catalana de Medios Audiovisuales, tiene seis canales que emiten íntegramente en catalán: el generalista TV3, el de marcado contenido cultural. El 33, el de noticias 3/24, el deportivo Esport 3, el dedicado al público infantil, Canal Super 3 y el Internacional TV3 CAT. TV3 compite en audiencia con las televisiones de ámbito nacional que emiten en Cataluña en español: tanto las de propiedad de Televisión Española –que desde su centro de producción en San Cugat del Vallés elabora contenidos en lengua Catalana-, como las privadas Antena 3, Cuatro, Telecinco y la Sexta. Esta última tiene una de sus sedes centrales en Barcelona, mientras que las otras cadenas privadas, con sede central en Madrid, tienen centros de producción en Cataluña, desde donde emiten diversos programas.

Otras Televisiones de menor audiencia, aunque de presencia destacable son 8TV televisión privada del Grupo Godó que emite en catalán, el canal Catalá de Televisión, Barça TV, y las televisiones locales, cuyo mayor exponente es Barcelona Televisión que también emiten en catalán.

PRENSA.

Los dos principales grupos editores catalanes de prensa y revistas son del Grupo Godó y el Grupo Zeta. Cada uno de los grupos tiene una gran variedad de cabeceras tanto de diarios catalanes de información general son El Periódico de Catalunya, del grupo Zeta, y La vanguardia, del Grupo Godó, ambos con edición en catalán y español. Son los dos periódicos con mayor tirada y distribución en Cataluña, por delante de diarios de distribución nacional como el País o el Mundo, que también tienen delegaciones en Cataluña. También destacan los diarios editados solo en catalán, y de ámbito de la información deportiva destacan Sport (Grupo Zeta) y Mundo Deportivo (Grupo Godó). Ambos están escritos íntegramente en español. En lengua catalana destaca L´Esportiu.

RADIO.

La radio con mayúsculas con mayor audiencia en Cataluña Radio, la radio pública perteneciente a la Corporación Cataluña de Radio y Televisión, tiene una audiencia de 570.000 oyentes según el último Estudio General de Medios, lo que le convierte en la quinta emisora con más audiencia de España pese a sólo emitir en Cataluña y en lengua catalana. La Corporación también tiene una emisora de noticias 24 horas, Cataluña Información. La segunda cadena con más agentes es RAC 1 (Grupo Godó), que también emite íntegramente en catalán (la primera emisora de radio que se fundó en España) a su buque insignia. A mayor distancia en número de agentes se sitúan el resto de emisoras; tres que emiten íntegramente en catalán, Con Radio (radio pública perteneciente a la Diputación de Barcelona) Radio 4 y Onda Rambla; y las cadenas estatales que emiten en español: Radio Nacional de España, la Cadena COPE, Onda Cero y Punto Radio.

Esta autonomía también tiene muchas radios locales y presencia de radios del tercer sector, (sin ánimo de lucro), siendo las auto gestionadas, Radio Bronka las más conocidas.

Cataluña es sede de varios grupos de comunicación que actúan tanto en el ámbito audiovisual es, empresa pública de la administración catalana, Titular Televisión de Cataluña y Cataluña Radio, entre otros medios.

DEPORTES.

Cataluña es una comunidad con gran tradición deportiva, especialmente desde finales del siglo XIX, cuando se fundaron grandes clubs de todos los ámbitos que, en algunas cosas, fueron los primeros en fundarse en España en su disciplina. El deporte y la actividad física está profundamente arraigado en Cataluña, donde existe una gran red de centros e instalaciones deportivas, tanto públicas como privadas.

Los deportes más populares entre los catalanes son el fútbol, el baloncesto y el tenis. También destaca la afición por el atletismo, balonmano, el Hokey patines, waterpolo, el ciclismo, automovilismo, motociclismo, el golf, y el esquí, cabe mencionar la gran cantidad de estaciones de esquí ubicados en el Pirineo Catalán y en la vecina Andorra a la que se desplazan numerosos catalanes. También son populares los deportes acuáticos, que se pueden practicar en cualquiera de las playas del litoral.

El fútbol es el deporte rey los clubes más importantes son el Futbol Club Barcelona y el Real Club Deportivo Español, que militan en la primera división del fútbol español. El primero siendo considerado actualmente como uno de los mayores equipos del mundo, ganando 23 veces el título de campeón de liga española, 5 veces la liga de campeones, además de otros importantes títulos aunque también cabe destacar otros históricos como el club Lleida Sportiu, el Centre d´Esports Sabadell Fútbol Club, el Club Sportiu Europa, el Girona Fútbol Club o el Terrasa Futbol Club.

La tradición deportiva de Cataluña se ha traducido en la organización de los más eventos deportivos internacionales. Pues ha sido escenario de los únicos Juegos Olímpicos celebrados en España, en el año 1992, (Barcelona 92) Los Juegos Mediterráneos del año 1955, los campeonatos del Mundo de Atletismo y Natación, y el Eurobasket celebrado en dos ocasiones. Cataluña también acogió en 1982 diversos partidos correspondientes a la Copa Mundial del Futbol que se celebró en toda España. En el Circuito de Cataluña se celebran cada año el gran premio de España de Fórmula 1 y el Gran Premio de Cataluña de Motociclismo. Asimismo el Rally Costa Brava es puntuable para el Campeonato Mundial de Rally.

SELECCIONES CATALANAS.

En España, las únicas selecciones oficiales reconocidas son las pertenecientes a la Federación Española de cada disciplina deportiva y son las que compiten en las competiciones internacionales oficiales. No obstante, algunas federaciones deportivas catalanas han logrado reconocimiento oficial para las federaciones oficiales de sus respectivas disciplinas. Estas federaciones cuentan con selecciones en catorce disciplinas deportivas, ninguna de ellas Olímpicas, que participan a nivel internacional de manera oficial representando a Cataluña, que por esta razón se postula como "país deportivo".

Actualmente, las catorce selecciones catalanas oficiales a nivel internacional son las de Futsal, Cortbal, Pitch y Putt, Futbol australiano, Fisio-culturismo, Taikondo, Twirling, Kickxing, Kárate, Instock, Raquebol, Carreras de montaña, escalada y bolos.

En el resto de disciplinas deportivas las selecciones catalanas participan de forma especial en competiciones españolas de carácter automático o en eventos internacionales de carácter amistoso.

FIESTAS. Las tres principales festividades de Cataluña son las siguientes:

San Jorge 23 de abril, patrón de Cataluña. Día laborable. La festividad se celebra con la tradición del regalo de rosas y libros a los seres queridos cuya compra se ejecuta sobre todo en los puestos de rosas y libros de las calles.

San Juan (24 de junio) día no laborable, la fiesta, en realidad, se celebra el día anterior con la tradición de organizar grandes verbenas con las que se recibe el verano, encendiendo hogueras y tirando petardos. La noche más corta del año es, a su vez, la más festiva junto a la de fin de año. Es tradición acabar la cena comiendo coca de San Juan y brindando con cava.

Día 11 de septiembre (11de septiembre), fiesta oficial de la Comunidad. Día no laborable. Se recuerda la caída de Barcelona ante las tropas de Felipe V el 11 de septiembre de 1714, que provocó la abolición de las leyes e instituciones propias del Principado. El Parlamento la declaró ·Fiesta Nacional "en su primera ley tras su establecimiento, en 1980. La jornada es política en actos simbólicos y manifestaciones de carácter político.

DIAS FESTIVOS

Cataluña tiene 15 días festivos a lo largo de todo el año: nueve días fijados por la Administración General del Estado, cinco fijados por la Generalidad de Cataluña, y uno fijado por cada municipio en torno a su patrón o su patrona. Los 16 días no laborables exceptuando la festividad de cada municipio, son:

1 de Enero: Año nuevo.

6 de enero: Epifanía de los Reyes Magos.

1 de mayo: día Internacional del trabajo.

Semana Santa: Viernes Santo

Semana Santa: Lunes de Pascua

24 de junio: Festividad de San Juan

15 de Agosto: Asunción de María.

11 de septiembre: Día 11 de septiembre.

12 de Octubre: Fiesta Nacional de España.

1 de noviembre: día de Todos los Santos.

6 de diciembre: Día de la Constitución Española.

8 de diciembre: Inmaculada Concepción.

25 de diciembre: Navidad

26 de diciembre. San Esteban.

SIMBOLOS.

Cataluña ostenta varios símbolos más o menos extendidos entre sus habitantes, alguno de los cuales han sido oficializados. El artículo 8 del vigente Estatuto de Autonomía define como símbolos nacionales la bandera, la fiesta y el himno. Varias leyes catalanas también declaran estos símbolos como nacionales.

La bandera es la "tradicional de cuatro barras rojas en fondo amarillo", cuyo origen está en el pendón real de los reyes de la Corona de Aragón titulares del Principado de Cataluña.

La fiesta del 11 de septiembre, también conocido como día de Cataluña o Diada, en la que se conmemora la caída de Barcelona frente a las tropas borbónicas.

El himno es Els Segadors (Lit. Los segadores), cuya letra original es de 1899, aunque se basa en un romance popular del siglo XVII, durante la sublevación de Cataluña.

Además tienen otros símbolos no oficializados, como el escudo.

El Burro catalán, es una apuesta de un sector ciudadano nacionalista que surge en respuesta del toro de Osborne. En el campo cultural, es representativa de la Cataluña y las artes, así como en lo folclórico, destaca la sardana, el baile del diablo y los correfocs, los gigantes y cabezudos y los castells.

El gobierno autonómico viene oficializado, además, su propio símbolo, llamado emblema de la Generalidad de Cataluña, que es utilizada en toda representación institucional.

PATRIMONIO DE LA HUMANIDAD.

Dada su extensión, el plan de extensión, el plan de protección de los bienes culturales y naturales de la Unesco, que es conocido como patrimonio de la Humanidad ha catalogado como tales numerosas obras que se encuentran en Cataluña. La primera declaración fueron varias obras de Antoni Gaudí en 1984 por su contribución a la arquitectura modernista a las que se añadieron algunas más en 2005 y se agruparon bajo la misma entidad. Estas obras son el Parque Güell, el palacio Güell, la Casa Milá, la fachada del Nacimiento y la Cripta de la Sagrada Familia, la Casa Vicens, la Casa Batlló y la Colonia Güell. En 1991se añadió a la lista el Monasterio de Poblet, donde reposan numerosos monarcas de la Corona de Aragón. Siete años después se sumó bajo el mismo título el Arte rupestre del arco mediterráneo de la Península Ibérica, que se extiende por el litoral mediterráneo peninsular, en el que Cataluña contribuye con numerosas muestras. En 2007 se declaró como tal, el Palacio de la Música Catalana y el Hospital de San Pablo en una misma entidad, ambas obras modernistas de Lluís Domènech i Muntaner. En el 2000 se añadieron a la lista dos conjuntos: el formado por las iglesias románicas del Valle de Bohi y el conjunto arqueológico de Tarraco. La última incorporación fue la de la Patum de Berga, en 2005, categorizada como Patrimonio oral e inmaterial de la Humanidad.

APÉNDICE 5: SITUACIÓN DE LA CUESTIÓN CATALANA EN LA ACTUALIDAD. RECOPILACIÓN DE ARTICULOS DE "EL MUNDO"

Como apéndice he considerado importante hacer mención sobre la opinión del "Mundo de Cataluña", periódico de ámbito nacional, sobre la aplicación del artículo 155 de la Constitución Española, como respuesta al comportamiento de algunos partidos catalanes en cuanto al intento de declarar la independencia de Cataluña al gobierno Español.

Como se podrá comprobar hemos recogido opiniones de la Editorial del Mundo y de algunos colaboradores del mismo.

.APLICACIÓN ARTÍCULO 155

COMENTARIOS DEL PERIÓDICO "EL MUNDO" SOBRE LA APLICACIÓN.

29 de Octubre 2017.

Francisco Rosell.

El retablo del golpismo.

Durante años, Cataluña ha escenificado la particular versión de un popular entremés cervantino: *Retablo de las Maravillas,* donde algunos hacen como que interpretan lo nunca visto bajo admonición de quien no sea cristiano viejo e hijo legitimo no atisbará tamaño portento. Como todos presumen de serlo, asisten con lo que los sablistas tienen por pertinente el teatrillo del sabio *Tontonelo.* Es tal la alucinación que un labriego baila con una inexistente doncella y acredita que los irrefutables títeres son más bien los felices aldeanos a quienes movían los hilos aquella trinca de rufianes.

Todo marcha sobre ruedas hasta arribar al pueblo un furriel para apalabrar el arrojo de la soldadesca y hace notar que el retablo, lejos de albergar prodigio alguno, está vacío. Su apreciación hace revolverse contra él al regidor de la villa gritando cual poseso "¡De ellos judío o bastardo" es, pues no se ve nada¡ "Desplegó la dureza del converso que antes había acallado su comezón mascullando: "Habré de decir que lo veo por la negra honrilla".

Aquella sátira de Cervantes sobre la confiada sociedad de su época coadyuva a descifrar el proceso (más kafkiano que conferido por el mismo Kafka de una Cataluña que pilota un secesionismo tan subvencionado como afiebrado y que, al promulgar una independencia ficticia, prueba que la estupidez carece de límites. El separatismo se ha ingeniado sus fantasmagorías meneando las cuerdas a través de *Chanfalla Puigdemont, Rabelín Junqueras y Chirinos Forcadell.*

Si no querían ser malos catalanes o, directamente, de *botiflers* (traidores), sus moradores debían transigir con una Cataluña fuera de España sería el jardín de las Hespérides y gozarían por serlo, como bromeó Francesc Pujols, filósofo de cabecera de Dalí, de todos los gastos pagados. Así, reveses como la fuga en tropel de empresas no perjudicaría sus bolsillos. En suma, valdría más ser catalán que multimillonario.

El nacionalismo transfigura en axiomas colosales sandeces con el silencio de quienes no tragan con patochadas, pero callan para no señalarse. Esa conducta acomodaticia hace que la fabulación nacionalista goce de prestigio inexplicable ¿Cómo no pensarlo si ha logrado sentar casi como verdad canónica que una Guerra de Sucesión por el trono de España fue una apócrifa Guerra de Secesión? Juega como con la credulidad de la gente y se beneficia de la catequización en escuelas donde se inoculan a los adolescentes la animadversión a España y lo que ella simboliza, lo que refuerza la radiotelevisión pública.

Así ha acaecido hasta que el montaje se ha venido abajo por su peso cuando, en el colmo de la ensoñación, el secesionismo ha desbordado su delirio y ha abierto los ojos a los más cándidos, la boca a los silenciados y ha obligado a actuar a una autoridad que se ha tragado sus embelecos. Esa circunstancia ha desatado su voraz incontinencia y ha originado la tragicomedia catalana, en la que se ha aunado lo trágico de sus secuelas y lo grotesco de su charlotada en la que sus petimetres han hecho el negocio sin ayuda ajena-

Sin duda, un triste homenaje a Tarradellas, en el cuadragésimo aniversario de su regreso del exilio. Bien repetía éste que, en política, lo único que no puede hacerse es el ridículo. Tan chusco fue el Pleno de segregación que ni abrieron la boca los dos líderes de la revuelta ni Puigdemont se asomó siquiera al balcón de la Generalitat, para no constiparse, por no refrigerarse a su aparición grabada por TV3 –aún bajo su mando operativo- como presidente destronado en la ciudad de la que fue alcalde, cerrando el círculo de su espada. Ni ellos ni sus menguantes seguidores pueden tragarse ya sus engañifas.

Lo peor es que los distintos presidentes de Gobierno de la Nación, por conveniencias varias, han hecho gala de una ceguera voluntaria que no desmerece a los aldeanos satirizados por Cervantes y que cortó de raíz aquel envalentonado furriel en medio de tanta sandez.

Pendientes de salvar la partida diaria, todos sin excepción han ignorado la naturaleza del nacionalismo, al igual que esa burguesía que los alienta y luego se refugia en las sayas del Estado pidiendo a sus gobernantes que le saquen las castañas del fuego que ellos han encendido. Todo sea que ese mismo *establishment* catalán no persiga ahora que, buscando restañar heridas, sea el conjunto de los españoles el que reponga la vajilla rota y vuelva a reacomodar a ese mismo nacionalismo para que haga trizas definitivas a un achacoso Estado.

Comandados por tales timoneles, los espacios abiertos de una Cataluña que fue cosmopolita hasta que cayó en el ombliguismo nacionalista ha notado como los tractores del ruralindependentismo, hijos del carlismo devenido en secesionismo, han invadido el espacio de libertad de la ciudad, ocupando esas vías urbanas con sus *esteladas* tremolando. De nuevo pues, el Estado ha tenido que ir al rescate de Cataluña y a restaurar el orden constitucional de esta *Catatonia* trasmutada en guardería de lacrimosos viejos bebes gruñones con la faz cariacontecidos de Puigdemont y Junqueras.

Atrapada en su chauvinismo ridículo y en su megalomanía identitaria, la Cataluña nacionalista como explica el filósofo francés Pascal Brukner en la *Tentación de la inocencia,* padece dos de las patologías características del mundo occidental: el infantilismo que demanda seguridad sin sometimiento a obligación alguna y el victimismo de privilegiados que se siente unos perseguidos exhibiendo unos agravios, a menudo más aparentes que reales. Exigiendo ser reparados, los auténticos son desplazados por estos maestros en el arte de colocarse la máscara de los humillados. Con ella, se consideran habilitados para no someterse a las leyes y escapar a las consecuencias de sus actos.

Por eso, para reconducir el extravío, una vez parado el golpe, entrañaría una singularidad en toda regla que se hiciera un mejor uso de esta Constitución de 1978 que garantiza la igualdad. Escrito está por Montesquiu que "la libertad es el derecho de hacer lo que las leyes permiten; y si un ciudadano pudiera hacer lo que prohíben, ya no habría libertad, porque los otros tendrían ese mismo poder".

Al final, Rajoy ha optado por aplicar el 155 de la Constitución con miras a convocar elecciones, o lo mismo, adopta la decisión que ofreció a Puigdemont para no desenfundar un artículo estigmatizado estúpidamente y que el presidente, rehén de sus inconsecuencias, no quiso asumir. No quiso asumir. No fuera cosa de que lo defenestraran por el balcón de la Generatitat aquellos mismos que fueron a buscarlo a la Alcaldía de Girona para que se trajera la independencia.

Se dirá que Rajoy ha acordado un 155 de circunstancias para supeditarlo al apoyo de Sánchez y Rivera, así como las peticiones de las cancillerías europeas para que no se repitan escenas como las del 1 de Octubre, fruto de la práctica inexistencia del Estado en Cataluña y de la deslealtad de los Mossos. Pero, a la postre, han resultado excusas perfectas para un político sofá que se adapta a todos los traseros. Si la política es anticiparse a los acontecimientos antes de que ellos te arrollen, y la función del 155 para evitar la proclamación de la independencia, ha acudido a él a posteriori y en la confianza de que, destituidos los cabecillas del golpe catalán, voto en urna, pero de veras, la responsabilidad de su solución.

Rajoy, del que sus rivales dirán que la *Fortuna* ha hecho más por él que el mismo, no ha atendido a una máxima napoleónica que vale para la guerra y la política "si empiezas a conquistar Viena, conquista Viena. Bonaparte la tuvo en cuenta para su victoria en Austerlitz, pero la omitió en Waterloo capitulando ante Wellington. Es de Perogrullo que en 40 días no se pueden resolver los problemas de 40 años de dejación del Estado. Pero tampoco se ve voluntad de querer entrar en ellos, por lo que, restablecida la normalidad en Cataluña con el marcapasos del 155 y dado el carácter recurrente de la Historia, habrá que afrontar nuevas reediciones de estos episodio bajo la máscara de la novedad.

A este respecto, Cataluña presenta menos variaciones que aquel *music-hall* que visitó Bernad Shaw para demostrar que no se operaba evolución alguna en los mismos. Así contaba que una noche estaba en uno de ellos y, aburrido de ver a un prestidigitador ejercitándose con unas bolitas, se fue. Regresó al cabo de 10 años topándose con que el mismo ilusionista continuaba jugando con iguales bolas. En Cataluña, los ilusionistas varían, pero el juego no cambia. Menester será que tenga el 155 a mano.

Conviene no olvidarlo tras el alivio que ha supuesto no franquear esta *Puerta del Infierno* que figura –oh casualidad– en la exposición que, en el centenario de la muerte de Auguste Rodín, acoge justamente Barcelona en estas horas aciagas y que da nombre al conjunto escultórico inspirado en la *Divina Comedia,* de Dante; *Las flores del mal,* de Baudelaire, y *Metamorfosis* de Ovidio.

"EL MUNDO"

1 Noviembre 2017

CABOS SUELTOS DE. Antonio Lucas

"LA GIRA"

La carrera de prófugo exige tener un ánimo alzado capaz de ocultar debilidad o arrepentimiento si alguien te pregunta a dónde vas. Huir es un instinto acorde con las emociones más elementales. Requiere, además, coraje, discreción y audacia Toda fuga es una estrategia que tiene por meta sentimental la cabaña en el bosque. Y no hay marcha atrás. Contiene, además, una hermosa épica a merced de la inspiración de los zapatos. Todo lo opuesto a lo que hace Puigdemont estos días por Bélgica: tan ruidoso, tan folclórico, tan premeditado, hombre de provincias que se maquea de rebelde sin fronteras intentando disimular la falta de futuro (político) que le queda por delante.

El ánimo de internacionalizar el *conflicto* es una memez más. Está ya amortizado. Ha salido de bolos un tipo que fuera no le importa a casi nadie. (A nadie exactamente). Ganas de perder el tiempo y el dinero, porque esto sale de la hucha de alguien. Puigdemont está en Bruselas como un cómico de la legua, lastimando al minuto la imagen arrasada del *procés*. El ex presidente pretende hacer un Grand Tour de virutilla indepe, aunque la cosa le está quedando de malabarista de paso de cebra. Un nivelazo.

Ahora que el líder del independentismo (lo de líder es por echar una risa) abraza el "Somos del camino", como decía el personaje interpretado por José Sacristán en *El viaje a ninguna parte,* conviene esperar a que regrese como el mozo desertor que hace la ruta inversa a la de las aves migratorias.

Solo falta que después de esta vuelta a la manzana tenga los huevazos de ponerse en Madrid.

Puigdemont pretende pasar a los tebeos como el unicornio que se deja serrar el cuerno. Pero solo es un burro de noria de la segunda generación *in vitro* de Jordi Pujol. La que tiene de capataz a Artur Más y de ahí degenera hasta rematar la faena en este combo belga.

La preocupación ahora es comprobar en qué estado de ánimo regresará nuestro prófugo de cabecera, con qué impresiones del extranjero, con qué desengaños. Lo peor de ir a Bruselas sin tener nada que hacer es la decepción que genera la primera visita al esquinazo del Manneken Pis, tan chiquito, tan prescindible, tan como él. Puigdemont no tendrá más que contarnos. Marchó para alimentar su estela de obsesión nacional y va a regresar consagrado a lo Manolita Chen. A ver, a ver.

"EL MUNDO"

2 de Noviembre 2017

CANELA FINA. Luis Mª. Ansón

ESPERPENTO DEL PRESIDENTE FELON

En la fachada de una ferretería del madrileño callejón del gato, elogiado por Valle-Inclán en *Luces de bohemia,* se exhibían en los años veinte del siglo pasado, dos espejos, uno cóncavo y otro convexo. A los madrileños les encantaba contemplarse deformados en aquellos espejos. Valle-Inclán el gran escritor, que crece cada año, pensaba que el sentimiento trágico, de la vida en España, tan certeramente estudiado por Unamuno, respondía a una estética deformada. El diccionario normativo de la Real Academia Española define esperpento como "persona, cosa o situaciones grotescas o estrafalarias". Valle-Inclán sabía que el teatro consiste en colocar un espejo delante de la sociedad. Tuvo la genialidad en 1920 de que ese espejo fuera cóncavo o convexo y caricaturizara la realidad. El inolvidable Umbral, que tan sagazmente estudió al autor de *Divinas palabras,* subrayó que el esperpento significaba un nuevo género literario de relevante alcance.

Don Ramón María del Valle Inclán se mostraría hoy extasiado ante la tocata y fuga de Puigdemont. Hubiera encumbrado al presidente felón como el protagonista perfecto del esperpento, dedicándole *Los cuernos de don Friolera.* Los héroes ilusos suelen terminar convertidos en enanos o patizambos. El ex presidente botarate es el mejor ejemplo valleinclanesco del esperpento, la distorsión de los acontecimientos, la caricatura de sí mismos.

La huida de Carlos Puigdemont para contratar en Bruselas al abogado de los etarras, en un intento desesperado de eludir el juicio y la prisión, ha cubierto las redes sociales de divertidos comentarios que reflejan la reacción regocijada de la opinión pública española ante el mequetrefe que ha presidido la noble, la seria, la prestigiosa Cataluña democrática y que ha devastado su imagen y su realidad. Manejado como un mequetrefe por la CUP, el grupo anti sistema de ultra izquierda, Puigdemont ha sido el esperpento de la democracia de ultra izquierda, Puigdemont ha sido esperpento de la democracia española, un ser grotesco, menor, elegido a dedo por el pobre Arturo Más. Y sobre todo un cobarde, incapaz de ponerse al frente de lo que había urdido, escondiendo su canguelo como una gallina, sin dar la cara, protagonista de una peripecia digna de que Valle-Inclán le caricaturizara convirtiéndole en representante máximo del esperpento nacional.

2 de Noviembre 2017.

EDITORIAL

LA HUIDA hacia adelante del independentismo, con el estrambote del esperpéntico sainete de Puigdemont en Bruselas, no va a salir gratis. La incertidumbre generada por el *procés* y la inquietud por la erosión de la seguridad jurídica causaron un oneroso impacto económico. Según la Autoridad Fiscal (AIREF), el crecimiento de la economía española se verá frenado en 2018 a raíz de la crisis en Cataluña. El PIB nacional se resentirá en alrededor de 14.000 millones de euros y se perderían cientos de miles de puestos de trabajo, lo que se suma al destrozo en, Cataluña, que verá mermada la riqueza de su economía en 11.540 millones después de que las 62 principales compañías hayan trasladado su sede fuera de esta comunidad-

La salida de empresas, como indico Javier Vega de Seoane, presidente del Círculo de empresarios, ha sido "un enorme baño de realismo". Los ciudadanos deben saber que, de porfiar en el disparate secesionista tras las elecciones del 21-D, España se verá avocada a un deterioro económico con graves consecuencias. Los causantes de este desastre son los líderes independentistas, pero la factura ya la están pagando empresas y trabajadores.

"EL MUNDO"

3 de Noviembre 2017-

CORRE LA MILLA. Rafa Latorre-

Es el miedo

Quien aspira a presidir un país debería conocerlo mejor que nadie. Por eso los mejores candidatos son los que llegan a Madrid desde las provincias. Tienen una idea más cabal del lugar que pretenden gobernar. Al fin y al cabo las elecciones en España se ganan en los campos de alcachofas, a esos a los que va Rajoy a hacerse la foto mientras la nueva política se ríe de él en urbanitas tuits que solo leen los convencidos. No digo que el único problema de Pablo Iglesias de haber nacido en la capital. Hay otros bastante graves, como el velo cegador de la arrogancia o sea absurda nostalgia por unos mitos históricos que ya solo le conmueven a él, pero el desconocimiento que demuestra del lugar en el que viven sus lectores va a ser lo que termine por devolverle a la universidad.

Si Iglesias conociera a su país no se habría embarcado, por ejemplo, en una guerra estéril contra la retransmisión de la misa en La 2. Si tu problema es que inspiras miedo a los ancianos, no lo vas a solucionar atacando a todo en lo que creen. Los de izquierdas incluidos, porque los ancianos de izquierdas también creen en Dios, al contrario que los jóvenes de derechas. Estos *tour de forcé* en los que la victoria te cuesta incluso más que la derrota se emprenden para las cosas realmente importantes.

El declive de Podemos no comenzó con el procés sino el día que abandonó el peronismo, es decir el errejonísmo, que era una estrategia malvada pero cautivadora y eficaz para tomar los cielos. No por asalto, que eso es imposible con una base tan pija, sino por las urnas.

Es probable que en Somosaguas se entienda esa postura tan *cool* de Podemos respecto al independentismo, esa falsa ambigüedad que consiste en oponerse siempre con mayor dureza a la reacción que a la acción que la ha provocado. El problema es que España se parece muy poco al campus y hasta los estudiantes de Somosaguas poco a poco, surco a surco en su piel y en su carácter, van cambiando hasta parecerse a sus padres más de lo que jamás hubiera imaginado.

En algunos casos la transformación es repentina. Se lo explico con un ejemplo. Mi querido amigo M .es un hombre de buen sueldo y trabajo estable que el 20 de Diciembre de 2015 votó apodemos. El 26 de Junio de 2016 cambió su voto al PSOE. Entre ambas elecciones pasó algo. Nació su primer hijo. La mañana siguiente al alumbramiento ya despertó menos a venturero. Dicen que ser padre es vivir con miedo. Y el miedo es profundamente contrarrevolucionario.

"EL MUNDO"

3 de 2017 Noviembre.

EDITORIAL. *El peso de la ley no es virtual.*

Solo quien está habituado a la impunidad se sorprende cuando esto acaba. Y en democracia, tarde o temprano, o termina la impunidad o lo hace la democracia. Pocas metáforas hay más ajustadas que esa del peso de la ley. Porque la justicia es lenta pero a veces, cuando la gravedad de los delitos lo exige, cae a plomo sobre quien resulta culpable. Y si no cayera sobre cualquiera que la desafía, sin reparar en su ideología, posición u oficio, ya no podríamos decir que vivimos en una sociedad de ciudadanos libres e iguales.

La juez Lamela ha mandado a prisión sin fianza al ex vicepresidente y a los siete ex consellers del Govern que renunció a la representación de todos sus gobernados, destruyó el orden legal en Cataluña, extendió la inseguridad jurídica, puso en fuga a los creadores de riqueza, desgarró la convivencia y finalmente aspiró a presentar todo eso ante instancias internacionales como el cumplimiento de un sonriente anhelo popular. No constituye una noticia particularmente edificante que nadie entre en prisión por causa de una ejecutoria fraudulenta, pero ni el ejercicio de la política está eximido de la vigilancia del Código Penal, ni es más apropiado pasar un año en la cárcel sin juicio por robar el dinero de todos los ciudadanos que por tratar de robarles su soberanía. De hecho es bastante más grave lo segundo, como bien recogen las penas decididas por el legislador. De lo que sí cabe felicitarse es de la enésima constatación de que el Estado de derecho, en España, sigue sus procesos al margen de la conveniencia política y con sólido arreglo al texto legal.

Por eso no se entiende la catarata de protestas que la decisión de la magistrada ha provocado en ciertos sectores. Porque tras esas quejas, que insisten en la falta de decisiones que supone la prisión preventiva, subyace una desconfianza en la separación de poderes que solo puede ser fruto de la ignorancia o la maldad. Hay políticos –y periodistas- que parecen maliciarse que es Rajoy quien dicta los autos. O quien puede regular su contundencia a rebufo de los tiempos políticos "para no fabricar independentistas". O que debe responder en persona por cada cargo público catalán trasladado a una penitenciaría. De hecho, el auto aduce el riesgo de fuga –además de la probabilidad de reincidencia delictiva- como razón principal de que Oriol Junqueras y el resto de ex consellers se encuentren en prisión, y fundamenta ese argumento en "el hecho de que algunos querellados ya se han desplazado a otros países eludiendo las responsabilidades penales en las que pueden haber incurrido". Es decir, que el delirante periplo belga de Puigdemont –para quien la Fiscalía ha solicitado ya una orden de detención internacional- no solo ha supuesto el descrédito final para la causa independentista, sino que ha arruinado las estrategias de defensa de sus ex compañeros.

No hace falta leer a Gil de Biedma para comprender que la vida va en serio, y los actos de los adultos tienen consecuencias. Los altisonantes llamamientos a la resistencia de Junqueras camino de la cárcel, las lágrimas de Marta Rovira o el descarnado posicionamiento de Ada Colau –que ayer alardeando de insumisión, adopto ya nítida y temerariamente el rol de argamasa del bloque separatista con vistas a las elecciones- están fuera de lugar: despojados de su retórica emocional, solo revelan la rabia pueril de quien no está acostumbrado a que su soberana voluntad límite con la ley. Pero si la independencia nunca fue real, los destrozos producidos en su consecución reclaman responsables. De eso, y no de otra cosa, va la tarea que el Estado de derecho confía a los tribunales.

Nadie celebra que medio Govern -a la espera de los huidos, y de los miembros de la Mesa del Parlament juzgados en el Supremo- esté encarcelado. Nadie dudará ya, por si lo hacía, de que quien echa un pulso al Estado lo pierde.

"EL MUNDO"

3 de Noviembre de 2017.

EL ALPUNTE. Álex Sálmon

Las universidades ante la libertad de expresión

El acto celebrado ayer por la Sociedad Civil Catalana en la Universidad Autónoma de Barcelona pretendía denunciar el adoctrinamiento que se produce en algunas aulas pero, más allá de la reivindicación, evidenció los graves problemas que rodean a la libertad de expresión. El filósofo Fernando Savater, que ya fue perseguido por sus ideas en la época franquista, puso de manifiesto la perplejidad que le causa tener problemas para defender sus posiciones en Cataluña en materia lingüística o ideológica.

Que los líderes del PP, Xavier García Albiol, y Ciutadans, Inés Arrimadas, necesitaran medidas de protección específicas después de la aparición de pintadas insultantes en el recinto universitario es otra prueba de existencia de un problema. Ayer mismo, una nueva plataforma universitaria se constituía con el objetivo de presionar a los rectorados de las distintas universidades catalanas para que se posicionaran a favor de la república catalana y del que llaman "Legítimo" Govern de la Generalitat, el que ha cesado Rajoy con el artículo 155. La confrontación no debería imponerse a la apertura de miras.

4 de Noviembre de 2017-11-04

EDITORIAL. *La normalidad democrática va abriéndose paso*

Que el poder judicial ha renovado su compromiso escrupuloso con la aplicación de la ley lo prueba el hecho de que cuatro de cinco magistrados secundaran ayer la actuación de la juez Lamela, y desestimaran por tanto los recursos que pedían la excarcelación de Jordi Cuixart y Jordi Sánchez. Que el PDeCAT presione sobre ERC para reeditar una lista conjunta, que Ada Colau se postule como guía providencial de Cataluña en ausencia de competidores y que Iglesias intervenga la facción catalana de su marca por desviacionismo independentista son evidencias indirectas de que los partidos ya están inmersos en la inmersión de sus estrategias de campaña. La justicia por un lado, la política por otro: así es como han de discurrir los poderes separados en una democracia europea. Demostrando una vez más, contra las profecías del caos que se desencadenan en cuanto el Estado de derecho se decide a defenderse, que ni la impunidad ni el pasteleo son la manera decente ni eficaz de resolver los problemas.

Pero estas señales de normalidad democrática no significan todavía que el vodevil protagonizado por Carles Puigdemont toque a su ansiado final. El mismo lucha por mantenerlo vivo en su refugio bruselense, donde goza del foco que se prodiga a los personajes exóticos. Desde allí ha hecho saber su voluntad de concurrir a las elecciones del 21 de diciembre. Confirma así que su conciencia permanece ajena al daño político que ha causado a su partido, el daño penal que ha infligido a sus ex compañeros encarcelados por riesgo de fuga y al daño económico que padece la comunidad autónoma que él mismo llevó al desastre en tan solo dos años de ejecutoria.

Pero mientras Puigdemont sueña con la prolongación de su carrera, la magistrada que instruye la causa contra el Govern contra los delitos de malversación, sedición y rebelión ha dictado orden de detención europea e internacional contra él, en cumplimiento de lo solicitado por la Fiscalía. A partir de ahora corresponde a la justicia belga tramitar su puesta a disposición de la justicia española, que se puede alargar días o incluso semanas. Tardará más o menos, pero Puigdemont acabará pagando en su país el daño que a su país hizo. Es lo justo, lo que sucede en los estados europeos que protegen los derechos de sus ciudadanos y que desoyen grotescas acusaciones de factura nacional populista.

Los comicios del 21-D han de servir para terminar de encauzar la crisis en Cataluña. Hasta que llegue esa fecha, sin embargo, lo imprevisibles es que el independentismo embarre el terreno de juego todo que pueda, precisamente porque le aterra la restauración de la normalidad constitucional, que supondría su histórico fracaso. Llamamientos a la desobediencia convocatorias de huelgas generales y de manifestaciones independentistas como la del próximo domingo, lenguaje incendiario, amenazas de insumisión, negativa a sumir el cese del Govern, victimismo relanzado bajo el pretexto de los autos judiciales: el catalogo argumental del separatismo es conocido, y a estas alturas no deberían impresionar a nadie.

Lo que no debe permitir el Estado es que ninguno de esos obstáculos altere el rumbo del restablecimiento del orden legal que ya está en marcha, y que progresa bajo el ruido y la propaganda. En paralelo, los partidos constitucionalistas han de armar un relato atractivo para competir en las urnas que en aquellos que han hundido a Cataluña en el descrédito y la inestabilidad.

"EL MUNDO"

4 de Noviembre 2017

EDITORIAL. *El golpe independentista pasa factura económica.*

El fallido golpe a la democracia del independentismo va a pasar una importante factura que, por desgracia, pagaran todos los españoles y en especial los catalanes. Sabemos por el testimonio de comerciantes y empresarios que la crisis institucional está teniendo una repercusión directa en el crecimiento catalán. Cuantificar el impacto en su conjunto llevará un tiempo. Pero hay datos que confirman los devastadores efectos que la inseguridad jurídica está teniendo en la economía.

Coincidiendo con el fin de la temporada turística, el paro subió en octubre en todo el país. Sin embargo, Cataluña fue en términos absolutos la región en la que más se incrementó con 14.698 desempleados más. Si se compara el dato con lo ocurrido en 2016 en ese mismo territorio se observa un enfriamiento de la actividad laboral. Un síntoma que también se aprecia en la afiliación. Según el Ministerio de Empleo, en Cataluña creció menos que hace un año, cuando en el resto de España las cifras interanuales son parejas.

El escenario no debe sorprendernos. La frustrada independencia ha dañado el turismo, ha paralizado inversiones y ha provocado la estampida de 2.000 empresas que representan más del 30% del empleo catalán. Además, los datos concuerdan con las alertas lanzadas en los últimos días por Airef o el Banco de España sobre el impacto económico del desafío. La autoridad fiscal estimó ayer que el PIB catalán sufriera una caída de entre el 0,7 y 2,70% en 2018, lo que repercutirá en un menor crecimiento en el resto de España. El delirio de Puigdemont lo vamos a pagar muy caro.

"EL MUNDO"

5 de Noviembre 2017.

EDITORIAL. *Lo que está en juego el 21- D son la libertad y la convivencia*

Albert Boadella diagnosticó hace ya mucho tiempo el "estado de enfermedad colectiva " qué gangrenaba a esa parte de Cataluña nutrida de xenofobia y odio a España. El sentimiento identitario catalanista falseado y exacerbado hasta quedar convertido en una parodia maniquea por una irresponsable casta política ha llevado el *proces* al abismo. Y –lo vemos cada día- las consecuencias son dramáticas para la propia convivencia ciudadana. Porque, antes de nada, lo que ha creado el desafío independentista es un problema de enfrentamiento de los propios catalanes.

Hoy no corren peligro ni el autogobierno ni los derechos individuales como pregonan los argumentos del secesionismo. Lo que de verdad está en juego en Cataluña son la libertad, la convivencia, la tolerancia... valores esenciales que una minoría fanatizada se empeña en arruinar en un territorio tan plural y tan rico en su diversidad. La xenofobia que guía la actuación del independentismo más radical se volvió a manifestar ayer en el grave incidente sufrido por Albert Rivera y varios dirigentes de Ciudadanos cundo se disponían a dar un mitin de precampaña en San Andreu de Llavaneras. Dos centenares de exaltados trataron de boicotear el acto con abucheos y consignas como "no sois de aquí; marchad a vuestra casa", dirigidos a los intervinientes, entre ellos la candidata a la Generalitat Inés Arrimadas, quien precisamente acaba de ser declarada *persona non grata* por el Ayuntamiento de esta localidad barcelonesa, en un ejercicio antidemocrático de intolerancia y puro fascismo que, por desgracia, se extiende como una balsa de aceite en una parte de Cataluña dominada por quienes están decididos a hacer irrespirable la convivencia y a aplastar toda discrepancia. A algunos *salvapatrias* solo les vale el pensamiento único conmigo o contra mí. Y se arrogan la potestad de repartir carnés divisorios entre *buenos y malos* catalanes. La Historia nos enseña hasta qué punto es peligroso el ultranacionalismo etnicista del que hoy bebe el independentismo.

Cataluña está hoy entre una encrucijada. Y las elecciones del 21-D deberían ser la primera oportunidad para recuperar la bandera de la libertad. Pero episodios como el de Llavaneras demuestra las dificultades que las formaciones constitucionalistas y los ciudadanos que conforman la amplia mayoría silenciada van a tener para llegar a esos comicios en las condiciones que se presuponen consustanciales a una democracia.

ERC y las demás formaciones independentistas siguen deshojando la margarita de si acudirán a las urnas en una candidatura unitaria o no. Y arengan a los suyos denunciando la existencia de presos políticos, cuando en España solo existen políticos presos por violentar la ley. La realidad es que los únicos que sufrirán un acoso inaceptable en esta campaña son aquellos que no pueden acudir a cualquier pueblo de Cataluña sin la compañía de un amplio dispositivo policial de seguridad.

"EL MUNDO"

5 de Noviembre del 2017.

EL APUNTE DEL DOMINGO. Álex Sàlmón

No me gusta la prisión como espacio de debate

Me pregunta un amigo "¿Y esta jueza es independentista?" Carmen Lamela está muy lejos de cualquier movimiento secesionista y solo sabe actuar a través del cauce de la Ley. Sin embargo, es cierto que la agitación que ha logrado su auto al enviar la mayoría del ex Govern de la Generalidad a la cárcel ha conseguido aunar, una vez más, a las diferentes caras del movimiento.

El exhaustivo texto de 19 páginas que describía los argumentos para enviar a la prisión a Oriol Junqueras Jordi Turull. Dolors Bassas. Meritxell Boirrás, Joaquín Forn y Carles Mundó junto a otro auto, de contenido similar y 18 páginas, para decretar cárcel eludible mediante la fianza de 50.000 euros en metálico para Santi Villa, abría una caja de Pandora política en Cataluña indescriptible. Y, aunque es cierto que la justicia tiene que actuar alejada de toda presión política, y así ha actuado en este caso en terremoto propiciado aquí también es impermeable a las actuaciones de la Justicia.

Si me sincero, debo decirles que no me gusta que Junqueras, con el que he compartido muchas charlas políticas, siempre afables y hasta divertidas, esté en prisión, que no me gusta que Borras, a la que conocí como regidora de L´Hospitalet en los tiempos en que su familia tenía una tienda de ropa infantil en el centro de esa ciudad, esté en la cárcel; que no me gusta que Mundó esté en prisión, con el que he discutido de política siempre de forma tranquila, relajada y en desacuerdo, y lo que es más importante, con la profundidad necesaria para disfrutar, que no me gusta que Forn, persona con la que comparto barrio y a veces quiosco, así como charlas sobre esta poliédrica ciudad que es Barcelona, esté en la cárcel; y lo mismo con el resto a los que conozco menos. Tampoco me ha gustado que Santi Vila tuviera que pasar una noche en la cárcel aun siendo el conseller más abierto a buscar cualquier tipo de salida al desafío catalán.

Pero la sinceridad en este caso, puede ser subjetiva y no estar alineada con la explicación total y el conjunto de los diferentes hechos que hemos ido viviendo en Cataluña los últimos dos años.

No me gustan sus encarcelamientos, pero la tensión y el estrés al que el proceso independentista ha llevado al estado de derecho en España, ha sido muy elevado. Dudo que en otro país de la Unión Europea se hubiera permitido decisiones políticas que atentaran tanto contra las reglas democráticas del país y todo ello se permitiera.

No somos conscientes del grado de permisividad alcanzado, y cuya muestra más exagerada fueron las jornadas parlamentarias de los días 6 y 7 de septiembre. La acumulación de inconsciencia se convirtió en un torbellino esos dos días que lo arrasaron todo, sin que la política autonómica, la de la Generalitat, la del Estatut, pudiera hacer nada. Todo aquello fue visto con congoja por parte del bloque constitucionalista y con alegría y normalidad por el independentismo. Y ahí es donde ha actuado el auto de la magistrada Carmen Lamela, aunque a mí, personalmente, no me satisfaga que los responsables estén en la cárcel.

Confundimos de forma demasiado ligera diferencia entre hacerse política y legislar. Las ideas políticas son libres. ¡Y tanto que lo son! Por ello el independentista y diputado de ERC en el Congreso Joan Tardá es libre de decir lo que le dé la gana en sede parlamentaria. Y hasta Gabriel Rufián desde las redes sociales que puede opinar lo que quiera sobre lo que sea, sin temor a nada, mientras que esté en los parámetros de la educación y alejado del insulto. Y, todavía así podría pasarse y nadie se le ocurrirá decir nada.

Otra cosa es cambiar de ley desde fuera de la ley. Eso no es posible. Y para ello existen las diferencias entre los poderes del Estado. Aquello desarrollado por Montesquieu en su libro. *El espíritu de las leyes* para que los poderes (legislativo, ejecutivo y judicial) se vigilen como contrapoderes. En Cataluña, el independentismo considera desde hace mucho – y además escribe su relato desde los parámetros de que ello es imposible- que todo está pasteleado, que todo es una gran mentira al servicio de los poderes económicos y políticos. Y lo repite con interés. Y es cierto, no hemos tenido un Estado habilidoso a la hora de contraprogramar esa falsedad. Ahora va de cárceles que no gustan a nadie.

"EL MUNDO"

6 de Noviembre 2017.

EDITORIAL

Puigdemont sigue su juego: se entrega y sale

Fiel a su obsesión por controlar el relato con un mensaje victimista que busca la empatía de sus adeptos separatistas y de la comunidad internacional. Carles Puigdemont se entregó ayer a la Policía belga para evitar la bochornosa imagen de su arresto. Junto a él, los cuatro consellers de la Generalitat huidos se presentaron en una comisaría de Bruselas para pasar a disposición judicial por la orden europea de detención que pesa sobre ellos.

Con una calculada estrategia de defensa y propaganda –que va desde la elección del abogado hasta el tuit en neerlandés que el ex president escribió en la tarde del sábado-, Puigdemont y los consellers del rocambolesco Govern en el *exilio* trataran de prolongar lo máximo posible su estancia en Bélgica . La justicia de ese país ya trabaja para dar cumplimiento a esa euroorden, pero el procés podría demorarse hasta tres meses, lo que permitirá a Puigdemont hacer campaña fuera de España. Ayer, tras 14 horas en la fiscalía, el president destituido quedó en libertad con medidas cautelares.

El halo de mártir en el que se ha envuelto en su huida de la justicia española le ha dado fuerza para ser el candidato de PDeCAT y tratar también de liderar una lista única de separatistas que cada día se antoja más complicada de pactar.

El ingreso en prisión de Oriol Junqueras y los seis ex consellers acusados de rebelión y sedición, entre otros delitos, parecía haber unido la acción del independentismo. Pero la convocatoria de elecciones precipitada por Mariano Rajoy les ha cogido con el píe tan cambiado que las diferencias entre ellos son notables y la lista unitaria, por la que aboga el PDeCAT, sólo sería posible de producirse un milagro para la antigua Convergencia, muy rezagada en las encuestas.

Este fin de semana ERC supeditó su alistamiento a una posible reedición de Junts Pel SÍ a que todos los separatistas (Incluida la CUP y al menos la facción de Podemos que lidera Albano Dante Fachin) formen parte de la coalición. Pero ni el partido antisistema ni Podem parecen dispuestos a ello.

Sin ir más lejos, Catalunya en Comú, el partido de Ada Colau designo ayer a Xavier Domenech como candidato e invitó a sus socios de Podem a formar una coalición. Con Puigdemont huido, Colau ha querido aprovechar su presencia en el Ayuntamiento para erigirse como líder institucional en Cataluña ante esta nueva etapa.

Estas componendas electorales no sólo ponen de manifiesto las contradicciones del procés, también revelan que el bloque separatista es mucho más relativa de la que intentan exhibir.

"ELMUNDO"

30 Noviembre 29l7

TRI BUNA/POLÍTICA

EL ERROR DE LA "CONLLEVANZA" CATALANA. Ignacio García de Leaniz.

El autor afirma que la política española lleva años refugiada en una parte del discurso de Ortega sobre la "conllevanza" catalana.

Para comprender en parte como hemos llegado a esta triste situación, me parece fundamental revisar la doctrina política que las élites españolas han sostenido desde la Transición misma en torno a Cataluña. Y creo no equivocarme al decir que dicha doctrina unánime entre los partidos nacionales y otras instituciones ha tenido como *leitmotiv* la actitud de conllevanza hacia la comunidad catalana, en una interpretación que estimo errónea de la idea orteguiana al respecto.

El origen de una doctrina tal —a saber, que el problema de Cataluña no se puede resolver y solo cabe conllevarlo- nace de la cabeza de Ortega en su discurso sobre el Estatuto de Cataluña en la sesión de las Cortes el 13 de mayo de 1932. Ante la actitud optimista de Azaña que ve en el Estatuto debatido —incluido en el pacto de San Sebastián de 1930- la definitiva solución y pacificación de Cataluña, la visión más crítica de Ortega estará teñida de realismo de su filosofía que le lleva a no hacerse ilusiones con la pura realidad, en la que se incluye la ya entonces endiablada "cuestión catalana".

Al inicio de su intervención parlamentaria fija la esencia misma de la conllevanza al afirmar: "El problema catalán es un problema que no se puede resolver, que solo se puede conllevar; que es un problema perpetuo, que ha sido siempre (...) y seguirá siendo mientras España subsista; que es un problema perpetuo, y que a fuer de tal, repito, solo se puede conllevar". Y al decir ello, Ortega subraya claramente algo que hemos olvidado en nuestras décadas: "Conste que significo con ello no solo que los demás españoles tenemos que conllevarnos con los catalanes, sino que los catalanes también tienen que conllevarse con los demás españoles". Un conllevar que significa para RAE sufrir algo adverso o penoso.

La razón de todo ello, alegará, estriba en que dicho problema catalán es un caso de nacionalismo particularista", un sentimiento negativo que se apodera de una colectividad que le hace desear vivir a parte de los demás pueblos o colectividades. Sentimiento particularista este de una importante porción del pueblo catalán que Ortega denomina apartismo. "Tal es el caso doloroso –añade- de Cataluña. Su carácter mismo y su terrible destino. Cataluña quiere ser lo que no puede ser".

Pero nuestro parlamentario observa otro rasgo no menos dramático de la realidad catalana: "En el pueblo particularista, (...) se dan, perpetuamente en disociación, estas dos tendencias: una, sentimental, que le impulsa a vivir aparte; otra, en particular, también sentimental, pero, sobre todo, de razón, de hábito, que le fuerza a convivir con los otros en unidad nacional". Y en esta dicotomía aparece –añadirá- la parte lamentable de tales nacionalismos: que siendo un mero sentimiento, siempre tiene a mano un grupo exaltado que se encarga de traducir ese sentimiento en concretísimas fórmulas políticas. Que a su vez tienen en común arrollar a los que discrepan, avisa Ortega.

La existencia de ambas tendencias antagónicas –los que quieren vivir aparte de España y los que no- hace que nadie piense que una cuestión tal pueda ser resuelta de una vez para siempre. Siendo así irresoluble la cuestión, la conllevanza aparece en el discurso orteguiano como la guía inspiradora de la acción política en Cataluña. No cabe otro remedio que este conllevar que equidista, como las viejas virtudes, aristotélicas de dos extremos nocivos: el puro centralismo y el nulo independentismo. La defensa de la autonomía catalana que Ortega hace en la segunda parte de su parlamento es la plasmación jurídica y política no sólo de una relativa "paz catalana" sino de la salud y supervivencia del resto del país en línea con la visión de una España autonomista de nueve a diez regiones que había ya propuesto en *La redención de las provincias.*

Y nuestro diputado procura restar patetismo a esta propuesta de conllevanza –que sea dolorosa no significa que sea todo tristeza- aduciendo a su filosofía de la vida como un constante conllevar: "Después de todo, no es cosa tan triste eso de conllevar. ¿Es que en la vida individual hay algún problema verdaderamente importante que se resuelva? La vida es esencialmente eso: lo que hay que conllevar, y, sin embargo, sobre la gleba dolorosa que suele ser la vida, brotan y florecen no pocas alegrías".

Hasta aquí la síntesis del discurso de Ortega. Que coincide en apariencia calcada con la aproximación intelectual –con algunas excepciones- y política del diseño territorial y automático plasmado en la Constitución del 1978 con especial atención a la autonomía catalana. También en lo que se refiere a la ley electoral vigente desde entonces. Y que justificaría el enfoque dado por los partidos nacionales en las décadas sucesivas hasta hoy.

Siendo así las cosas, ¿qué ha fallado entonces para desembocar en lo que estamos viendo y padeciendo? ¿A qué se debe este doloroso *estado de error* al que nos hemos precipitado nosotros y Cataluña?

Creo poder apuntar algunas causas: la conllevanza reguladora de Ortega, asumida con fe ciega e infantil, se ha confundido desde la Transición con un *laissez faire, laissez passer* por parte de nuestra gobernanza que nos ha conducido progresivamente a esta crisis. Se ha interpretado la total conllevanza no como una exigencia de acción creadora y "estar alerta" sobre lo que en Cataluña estaba sucediendo –que eso es lo que pediría la perspectiva orteguiana-, sino como un visado para la pereza intelectual – tan de nuestra clase política y que tantos males explica-, la inercia e incuria culpable. La porción de resignación que introducía el conllevar orteguiano ha mutado –en letal malentendido- en una parálisis de la política para Cataluña, cediendo la iniciativa a las tendencias independentistas en estas décadas.

Que un problema sea imposible de solucionar no significa que no se pueda gestionar. Que el problema catalán sea de suyo perpetuo no es óbice –más bien lo contrario- para que tengamos que habérnoslas con él, tanto en el plano político como en el jurídico, pedagógico y cultural, con esfuerzos de atención. Y eso, precisamente eso, es lo que se ha dejado de hacer en nuestra política hasta hoy. Hemos estado políticamente más pendientes de otros temas –la corrupción entre otros- que de los malos presagios que venían desde Barcelona, Como si nuestra dirigencia hubiera olvidado la necesidad de estar a las cosas, para prevenir a lo que se avecinaba. Y corregir así la lectura errónea y letal que se había hecho del discurso orteguiano de la "conllevanza" en las entrañas mismas de la Transición.

Simone Weil anotó que todo nuestro problema reside en donde ponemos nuestra atención. No estaría de más que nuestras élites se preguntarán a modo de examen en donde han estado sus atenciones y prioridades en estos años. Para recordarles que la verdadera conllevanza en Cataluña –es decir con nosotros mismos- exige lucidez, inteligencia y valentía. Todo lo contrario de la pereza. Y leer así desde otra perspectiva más crítica el influyente discurso de Ortega.

"EL MUNDO"

A VUELTA DE PÁGINA. Francisco Rosell.

3 Diciembre 2017

ICETA Y EL NUEVO ARANCEL CATALÁN

Como profesor de la Universidad de Sevilla, de la que fue rector, Ramón Carande, el gran hacendista y autor del monumental estudio de Carlos V y *sus banqueros,* protagonizó una desternillante anécdota que suele evocar con memoria pródiga y gusto por la conservación del maestro de mercantilista que es Manuel Olivencia. Cuando explicaba la exclusividad del Estado para la emisión de moneda, un alumno de primer curso le interrumpió y, como el que no quiere la cosa, le espetó: "Siendo como usted lo cuenta, don Ramón, ¿Por qué no se hacen circular más billetes y se reparten a todo el mundo por igual?

Sin perder la compostura, pese a los continuos ataques de ira, el ilustre palentino acalló los murmullos y, con una sonrisa no precisamente beatífica, le preguntó a su vez: "¿Qué edad tiene usted, señor mío?", al responderle que 17 años, exclamó facundo: "¡Qué maravilla¡ No puedo contestarle, pero sí aconsejarle que no venga más a clase. No se le ocurra leer absolutamente nada ni tampoco prestarle sus oídos a quienes pretendan explicárselo y conserve siempre su seráfica inocencia".

Como la escena tuvo como marco el curso 1946-47 y la capital hispalense, hay que descartar que aquel ingenuo discípulo fuera Miguel Iceta, aspirante a la Presidencia de la Generalitat. Pero, sobre todo, hay que desecharlo porque no se trata, en su caso, de un alma cándida. Más bien al contrario. Ha echado los dientes (puede que hasta los de leche) en el partido (Primero en el PSP y luego en el PSC) hasta retorcer sus colmillos. Eso sí, ha evitado que le sobresalgan tanto como para tener que limárselos. A la sazón, fue lo que hizo el mismísimo Mitterrand en las presidenciales de 1980 para evitar que su vampírica imagen echara a perder los carteles en los que figuraba su foto junto al lema "La fuerza tranquila".

Por eso, cuando Iceta proyecta remediar la financiación de Cataluña con una quita de la deuda que acumula con el Estado Unos (52.000 millones de vellón y la creación de una hacienda propia, a la vez que deja la puerta abierta a que lo hagan las demás comunidades para que no se interprete como privilegio alguno hay que entenderlo con una muestra de perspicacia al servicio de un gran engaño que, si se pone atención, se ve a tiro de escopeta. A mucha cortesía, mayor cuidado, que dice el clásico.

Si en la novela de Orwell los animales promueven una revolución en la graja para que todos sean iguales, pero pronto se comprueba que *unos son más iguales que otros,* el pacto fiscal (concierto con barretina) que alienta Iceta, con la anuencia de Pedro Sánchez, dejaría al estado en las raspas y la solidaridad interterritorial en cosa de la beneficencia, como columbra cualquier hijo de vecino que no se despiste con el juego de cubiletes del trile. Y eso explica, por ejemplo, que la presidenta andaluza, Susana Díaz, quien creció conociendo a los trileros de la sevillana calle Sierpes, haga mutis por el foro en la campaña catalana, el resto y el resto de barones socialistas se impongan a su vez voto de obligado silencio.

Si se aplicase esta regla de tres, los contribuyentes que más tributos consignan al erario deberían de recibir más contraprestaciones. Defenderlo desde la izquierda no deja de tener su aquel. Se deberá a esa crisis de identidad de la socialdemocracia de la que habla Manuel Valls, ex primer ministro francés. Por muchas salvaguardas que se establezcan al respecto y por más que se dore la píldora con que a esa Hacienda propia funcionaría en consorcio con el Estado, tendría la misma eficacia práctica de, por ejemplo, la Alta Inspección Educativa con respecto al adoctrinamiento en las aulas o de la Junta de Seguridad con relación a la coordinación ministerial con los Mossos.

No es, en consecuencia, Iceta ningún arbitrista que discurra proyectos disparatados, al uso de que aquel "argigogolante" – así los denomina Quevedo en *El buscón don Pablos*- que formula conquistar inexpugnable Ostende (Amberes) secando el mar con esponjas, sino que responde a un plan rataplán para catapultarse como candidato que genere el mínimo común divisor que le reporte ser el único presidente factible el 21-D en el caso de que ni constitucionalistas ni independistas, como todo apunta, disponga de mayoría por sí mismos y no quede otra que un gabinete mestizo. De esta guisa, se obraría un efecto como el que la escritora norteamericana Gertrude Stein registraba en la pintura de Picasso: Un cuadro puede parecer sumamente extraño y, al cabio del tiempo, no solo deja de parecerlo sino que resulta imposible descubrir que había en él que pudiera parecernos extraño".

Con desparpajo y dominio de la escena, Iceta interpreta su propio guion, tras haberlos escrito para actores como Narcís Serra, Pasqual Maragall o José Montilla. A este fin, desencalla el pacto fiscal del tripartito de Maragall, cual arancel con el atemperar al independentismo. Como buen hijo de las burguesías vasca (padre) y catalana (madre), conoce de cartera el provecho de las barreras arancelarias y a la siderurgia vasca a cubierto de la competencia extranjera, pero a costa del resto de españoles.

Ya, en 1838, el viajero Stendhal constataba como "los catalanes piden que todo español que hace uso de telas de algodón pague cuatro francos al año por el solo hecho de existir Cataluña. Tras del arancel, vino el coeficiente de inversión obligatoria franquista que forzaba a las cajas a financiar la industria catalana (vasca), además de aprovisionarla de mano de obra barata.

Desde Cambó, el nacionalismo marca el destino español con su voto, pero impide que los gobiernos que ayuda a formar se inmiscuyan, como si España fuera su protectorado. Esto llevó a Wenceslao Fernández Flores a sentenciar con retranca gallega. "Barcelona es la única metrópoli del mundo que quiera independizarse de sus colonias". "La solución – predicaba en vano en su artículo, sino en proteger a los ciudadanos contra la industria.

Por igual razón, ahora corresponde salir en defensa del contribuyente y la igualdad de los españoles frente a este nuevo arancel que busca contentar al separatismo con una financiación privilegiada para esta Cataluña expoliada por una clase gobernante que, al tiempo que se quedaba con la bolsa, daba más voces que nadie, gritando "¡qué viene el ladrón!" o lo que es lo mismo, "España nos roba". ¿A caso Cataluña no se ha beneficiado de la leva de caudales que le ha acarreado disponer sus minorías nacionalistas del voto de oro de los presupuestos con Suarez, González Aznar, Zapatero (con quien pactó, por cierto, el vigente sistema de financiación autonómica) o Rajoy, amén de otras regalías?

Hay que acudir a los hechos y dejarse de suspicacias y narcisismos. No se pueden hacer las cuentas del Gran

Capitán cuando ni todos los gastos públicos pueden identificarse territorialmente, ni algunos ingresos, como los gravámenes indirectos, se contabilizan donde se saldan. Si Cataluña liquida más impuestos es porque dispone de ciudadanos con réditos superiores, al igual que Madrid o Baleares pero su saldo comercial enjundia ampliamente ese déficit fiscal. Con pragmatismo y desparpajo, Josep Pla explico que el catalanismo no debería prescindir de España porque los catalanes fabrican muchos calzoncillos, pero no tienen tantos culos". Claro que, cada vez que el nacionalismo choca contra el muro de sus desatinos, acuden al rescate los grandes partidos nacionales. Pareciera que España estuviera condenada al esfuerzo inútil e incesante de arrastrar a la cumbre.

Transigir con singularidades y pactos fiscales sólo alimentará la insaciable bulimia nacionalista. Aquí nadie es más que nadie y los privilegios fiscales ya fueron extinguidos como para restablecerlos. En pro de ello, el PESOE debiera preconizar en Barcelona lo mismo que en Valencia o en Sevilla en una encrucijada en la que muchos ciudadanos piensan que los males de España se resumen en que no tienen quien les amparen, y no tanto en el independentismo, esa gran mentira que a base de dejarla rodar se ha tornado inconmensurable y grosera.

Con todos estos zamarreos, el Estado de las autonomías se resquebraja y, por sus grietas, lo que se percibe es un Estado manifiestamente imposible. Para imaginar que depara, con comprobar todo lo que le pasa al paraguas sin el bastón que lo sostiene y que qué aquí padece la carcoma del egoísmo y agravios desmedrados y descomedidos. En definitiva, un Estado sin atributos como el que se desmadeja entre las manos de los protagonistas de inacabada novela de Robert Musil.

Mucho más de cuando Iceta saca del desván el oxímoron *maragalliano* del federalismo asimétrico que no erradica el sistema foral ni abole los privilegios por el que España todo des contribuyente neto de regiones florecientes como la vasca y la navarra, sino que persigue extenderlo bajo otra denominación, a la próspera Cataluña hasta que su incompetente clase dirigente se cisca cíclicamente en cavar su declive. En cuestión de dinero y de finanzas, las cosas no son tan simples como las percibía el alumno de Carande, sino complejas como la Hacienda de Carlos V y su alta hipoteca con los banqueros alemanes, como sabiamente el gran hacendista palentino esclareció.

Trajinando su desmarque de España, Cataluña se inflige su propia mutilación. Al tiempo que fractura la convivencia colgando de puentes muñecos con las siglas de los partidos constitucionalistas, como en el México del narcoterrorismo, o existiendo dueños de quioscos barceloneses que tienen a gala no vender determinados diarios (y libros). "EL MUNDO no entra aquí , me dice —anotaba Gregorio Morán en su sabatina de *Crónica Global* a propósito de la película *La librería,* de Isabel Coixet- sin que me quedara muy claro si se refería al periódico, al mundo en general , o a ambas cosas" inevitablemente , ambas cosas, querido Gregorio, como sabes y padeces en medio de solipsismo nacionalista.

"EL MUNDO"

PASEO DOMINICAL. Iñaki Gil

10 diciembre 2017

ARRIMADAS FRENTE A LOS FRACASOS DEL NACIONALISMO

El *procés* ha fracasado. Pero el gran desastre del *procés* no es su derrota institucional y los daños colaterales. Es la derrota de un modelo educativo. El del catalán como única lengua vehicular y la de la manipulación de la Historia. Síganme, por favor.

Todo eso que condenamos por perverso (el adoctrinamiento) o estúpido (la marginación del español) tenía un fin, fijado por Jordi Pujol: construir una nación. El diccionario Colins define así *nation-building:* "políticas gubernamentales diseñadas para crear un fuerte sentido de identidad nacional".

Por eso, la hija de unos de la cuadrilla acaba de estudiar el *Regne de Catalunya (sic).* Lo que siempre fue el Reino de Aragón, vamos.

Cabe preguntarse qué ha estado haciendo todos estos años la Alta Inspección de Educación, mucha mayúscula en el nombre, minúscula capacidad de corregir manuales aberrantes.

Pues bien, la fabricación de un *sol poble* ha fracasado. Como evidencia la Historia reciente, hay muchas maneras de ser catalán. Tantas como de pensar o sentir. El *procés* ha querido forzar a los catalanes una sola manera de ser. Y muchos no lo han aceptado. Por eso se ven banderas de España y se celebra la Constitución en Cataluña. Y por eso el 155 no ha originado una sublevación.

Michael Ignatieff, escritor y profesor canadiense angloparlante con antepasados (rusos) enterrados en Quebec, lo expresó con claridad a propósito del referéndum escocés: "Mi visceral oposición a los proyectos de independencia de Escocia. Cataluña y Quebec no es por el nacionalismo, sino por el secesionismo, por romper no ya uniones políticas sino por separar las identidades compartidas que muchos como yo llevan en sus almas"

El humanista italiano Nuccio Ordine se lo dice "con afecto" a sus "amigos catalanes" en estas páginas de *Crónica:* "Defender tu cultura y tu lengua desde una cosa legítima, pero no significa cerrarse en tu propia identidad, al contrario. Apreciar tu propia lengua y cultura te debe llevar a apreciarla multiplicidad de lenguas y culturas, sin crear rencores ni conflictos de identidad". Ante estas elecciones hay tres opiniones. Los que quieren seguir con el *nation-building* a la espera de mejor oportunidad (ERC, JpC y CUP). Los que proponen un guiso de acomodo constitucional aderezado con reducción de deuda a la finas hierbas del reconocimiento nacional (PSC) y los Comunes) Y los que son partidarios de afrontar el problema: Ciudadanos y (se supone) PP.

Así las cosas, los de mi cuadrilla que votan en Cataluña tienen decidido votar a Ciudadanos. Inés arrimadas es la "única que tiene programa" remacha una por el manos libres.

Punto 7 del decálogo de Cs: "Una educación de calidad, trilingüe y donde no se politice a nuestros hijos (…) que enseñe a pensar y no en que pensar". La candidatura precisó en su presentación que castellano y catalán "serán lenguas de enseñanza en igualdad de condiciones".

Si Cataluña fuera ese país tan avanzado y cívico que todos imaginamos éste sería el tema central del debate electoral.

Pero no. La matraca silencia la discusión. Nos vamos a Bruselas con la bufanda amarilla. . Por eso, me alegró leer en *La Vanguardia* una tribuna de Luis Bassats.

Empezaba así. "Durante muchos años he oído machaconamente hablar en Cataluña de la inmersión lingüística, que todo el mundo da por buena. Se dice que así se consigue cohesión social, no se discrimina por la procedencia del alumnado y se facilita la integración de los niños en la escuela".

El gran publicitario barcelonés de origen sefardí cuenta que el *president* Jordi Pujol, del que era asesor, le pidió "ideas fuerza" para un programa electoral. Varias multinacionales, explica, habían preferido instalarse en Madrid y sus ejecutivos argumentaron que les influyó el idioma. "Le propuse al *president* hacer del inglés el tercer idioma oficial de Cataluña y que la enseñanza en todos los colegios fuera en los tres idiomas. La idea le encantó pero no la puso en práctica".

Pues ha llegado el momento. Las instituciones abortaron la república, vía 155. La justicia depurará las responsabilidades. Es hora de que se vuelva a hacer política. Y que haya debate. Quienes aspiran a gobernar Cataluña deben poner sobre la mesa sus soluciones y los problemas de todos conocidos. Y no contentarse con pedir el corredor Mediterráneo. Que también.

Para casi todos de mi cuadrilla es la hora de Arrimadas. Ven en ella la frescura de una nueva generación, una joven sobradamente preparada, honesta y con las ideas claras. Única entre una *troupe* de profesionales a los que restaure el *seny* perdido. Misión de titanes.

"EL MUNDO"

EDITORIAL

12 diciembre 2017-12-12

SIJENA: CUMPLIR LA LEY NO ES OPCIONAL

No sorprende que los mismos que llevan años instalados en el desprecio a la legalidad hayan dicho tantas barbaridades sobre el traslado de los bienes artísticos de Sijena al monasterio oscense. Los independentistas catalanes tiraron de argumentario ayer para tratar de sacar algún rédito electoral inflamando el sentimiento victimista y difundiendo falsedades sobre el artículo 155. El fugado Puigdemont incluso denunció que el Gobierno español se apropiaba de "un botín de guerra".

Estamos ante uno de esos casos que despiertan una gran visceralidad en la parte de la opinión pública directamente concernida y que se prestan fácilmente a la manipulación de políticos sin escrúpulos. Pero la realidad es la devolución de casi el centenar de obras que componen el tesoro artístico desde Cataluña al monasterio de Villanueva de Sijena era de obligado cumplimiento porque así lo ha decretado la justicia en sucesivas sentencias desde el año 2015. Y nadie, por difícil que les resulte comprenderlo a los secesionistas, está por encima de la Ley. De hecho, el ministerio de Cultura –que hoy asume en funciones las competencias de ese departamento catalán- se ha limitado a colaborar con los tribunales, como no puede ser de otra forma, sin entrar a valorar un asunto que le ha sobrevenido por la dejación de responsabilidades, cuando no directamente por la obstaculización judicial, de los últimos cargos de la Generalidad.

Aquí no se libraba ninguna batalla entre Aragón y Cataluña. Y nada tiene que ver este caso con el problema independentista. No se puede falsear la realidad las obras no han vuelto al lugar que les corresponde como castigo o represalia por el intento golpista del Govern destituido. Lo han hecho porque en abril de 2015 hubo una primera sentencia de un Juzgado de Primera Instancia de Huesca que daba la razón al Ayuntamiento oscense de Villanueva de Sijena en el litigio contra la Generalitat que había comenzado a finales de los años 90. Aquel fallo dejaba claro que los acuerdos de compra-venta de las obras en 1983 entre las monjas que las custodiaban y la Administración catalana eran nulos de pleno derecho. Y obligaba a la Generalitat a su devolución.

Desde entonces, se han sucedido los recursos, y distintas sentencias han insistido en lo mismo. Pero el gobierno catalán ha hecho del asunto otra de sus banderas victimistas y se ha acomodado en el desacato, desoyendo todos los ultimátums de la justicia. De hecho, en un alarde de cinismo y de obstrucción al ordenamiento legal, en 2016 la Generalitat devolvió la mitad de las obras que debía entregar a Aragón, arrogándose la potestad de decidir unilateralmente de que piezas y cuando desprenderse.

Una burla más en todo este largo proceso, en el que ha faltado diálogo entre las dos comunidades afectadas y ha sobrado irresponsabilidad. En todo caso, que al fin se haya cumplido la Justicia es una buena noticia.

EL GOVERN MINTIÓ A LOS CATALANES EN EL 1-O

El contenido de la agenda manuscrita de Josep María Jové – el número dos de Junqueras que está considerado como uno de los arquitectos del 1- O- hallada por la Guardia Civil es la constatación, ya indiscutible, de que el Govern mintió a los catalanes cuando les convocó a votar en la consulta ilegal . Además, confirma lo apuntado por el juez del Tribunal Supremo, Pablo Llorena, de que el fracasado *procés* estuvo implicado por una trama organizada y coordinada.

El documento que publicamos hoy contiene información, clave, como, por ejemplo, el listado más completo de los nombres de quienes elaboraron la estrategia de la consulta ilegal, entre los que figuran Carles Puigdemont, Oriol Junqueras o la candidata de ERC para el 21-D, Marta Rovira. Pero en él también se reconoce que la operativa fue preparada para llevar al Estado español a un choque de trenes, lo que confirma que el Govern trató de manipular a los catalanes con esa consulta ilegal. Esta agenda *Moleskine* es, sin duda, una pieza muy valiosa para la investigación en curso. Corresponde a la Justicia determinar las responsabilidades de los implicados, pero según se encausados.

"EL MUNDO"

Editorial del 22 diciembre 2017

LA SOLEDAD DE LA RAZÓN CIUDADANA.

Al amparo de la norma constitucional fueron convocadas unas elecciones legales que han devuelto la palabra a los catalanes con todas las garantías democráticas. Cuando repite que estos comicios se han celebrado en circunstancias anómalas, el independentismo incurre para variar en una verdad. Lo que no añade es que la anomalía empieza por el golpe al Estado de derecho que el propio Govern lideró, y que exigió una respuesta proporcional del Estado en defensa propia. Fue una agresión sin precedentes a la democracia, y un ataque de inspiración supremacista a los principios de libertad, igualdad y solidaridad que articulan la Nación española. Conviene recordarlo, como conviene recordar que el propio independentismo —incluida la CUP- legitimó con su participación esta convocatoria electoral la más representativa de la serie histórica, al mismo tiempo que extendía sombras de sospecha preventiva sobre los resultados. Ahora que estos les han sonreído veremos cómo se esfuma cualquier recelo y, como blasón de una representatividad cuyo mejor avalista no ha sido otro que su odiado Estado español.

Los actos de los promotores del golpe ya están siendo juzgados en los tribunales. Sin embargo, desmoraliza la constatación de que el *procés* ha logrado fanatizar a una porción tan considerable de la sociedad catalana cuyos graníticos electores han renunciado a examinar la gestión de sus líderes a la luz de la razón crítica. Resulta extraordinariamente preocupante que el engaño, la traición y el fracaso del independentismo no haya sido castigado en las urnas. Ningún pueblo se merece el destrozo económico y social provocado por el secesionismo, pero es evidente que un porcentaje muy elevado de catalanes sigue primando el voto sentimental más primario sobre el estrictamente ideológico o racional. Los resultados cosechados por Carles Puigdemont y Oriol Junqueras —dos políticos, entre otros, sobre los que pende un proceso penal tan duro como inexorable- revelan la victoria de una esperanza estúpida: en las urnas, el banquillo sigue aguardando a los imputados por rebelión y sedición.

Por eso no se entiende bien la sonrisa de Puigdemont en Bruselas, más allá de la satisfacción de probar su influjo sobre un número suficiente de catalanes como para alzarse con la hegemonía del bloque separatista a costa de ERC. Lo previsible es que se reedite la conjunción en el poder de las tres siglas que llevaron a Cataluña a esta situación. Lo previsible, por tanto, es que una unilateralidad retomada vuelva a topar con el 155, que solo se revocará si es investido un presidente respetuoso de la ley. Lo previsible, por desgracia, es que la fuga, de empresas no solo no se revierta sino que se acelere a partir de hoy mismo. Porque los motivos que llevaron a los empresarios a marcharse de una comunidad sumida en la inestabilidad política y la inseguridad jurídica no solo sirguen vigentes, sino que se han renovado. El eterno reposo del *procés* amenaza con lastrar seriamente la recuperación económica y embarrancar definitivamente el progreso y la convivencia de Cataluña.

La reedición de una mayoría de fuerzas independentistas —en escaños, que no en votos- invitaría a entregarse a la melancolía de no ser por la hazaña protagonizada por ciudadanos, que se convierte en el partido más votado de

Cataluña. Ni Maragall en su cima lo logró. Una fuerza que nació hace un década por el coqueteo del bipartidismo con los nacionalistas, decidida a combatir de frente la ideología que se ha conducido como si toda Cataluña fuera de su propiedad, se ha proclamado vencedora en votos y escaños por primera vez en la historia de la autonomía catalana. Inés Arrimadas es la política más votada de Cataluña: lo fue incluso en el pueblo de Junqueras. La movilización en las comarcas que no son proclives al *soberanismo* se refleja el enojo y la contestación del ciudadano que no se resigna a tener que escoger a ser catalán o español. Ha hablado alto en Cataluña que desea manejar su autogobierno con lealtad a la Constitución y en solidaridad con el resto de españoles. No cabe relativizar semejante gesta, que demuestra que los votantes premian la clara contundencia del discurso de Arrimadas. A su formación le corresponde el liderazgo de una numerosa soledad, valga el oxímoron: la de la noción ilustrada de ciudadanía en una región dominada por el primitivismo de la emoción identitaria.

El PSC del Sr. Iceta, en cambio, ha pagado su errática estrategia y ha dejado de ser una referencia en la lucha contra el nacionalismo porque su propio líder, en realidad, nunca quiso marcar las debidas distancias: antes bien jugó la baza de la ambigüedad, del buenísimo y la complicidad. Los *comunes* de Domènech y Colau respiran aliviados, ya no son necesarios para decantar mayorías y podrían seguir practicando su cómoda equidistancia. En cuanto al PP, su descalabro merece comentario aparte. Primero porque siendo el partido del 155, no ha sabido capitalizarlo. El fracaso de Albíol aconseja su dimisión, pero en su lugar compareció para acometer contra Cs en un acto reflejo de defensa que parece premonitorio: la formación *naranja* sale de estos comicios lanzada a la disputa abierta del espacio político del PP en toda España. Sin experiencia pero con coraje, sin corrupción ni pasteleos con el nacionalismo, los de Rivera se perfilan como el futuro próximo del centro derecha español.

"EL MUNDO"

19 de febrero de 2018.

TRIBUNA. El autor subraya con sorna que se puede echar la culpa a la Ley D´Hondt y al constitucionalismo español de los desequilibrios que han permitido la mayoría nacionalista en Cataluña.

¿TODO POR CULPA DE LOS SORIANOS?

Por Roberto Villa García.

Por mucho que nos alegremos del triunfo de Ciudadanos en las últimas autonómicas de Cataluña, fruto de su probado coraje en la defensa de las libertades civiles de todo los españoles y de la nación que las garantiza y protege, su discurso no pocas veces se contagia de ese victimismo nacionalista ocupado en blandir un espantajo al que llaman *Espanya,* y al que hay que distinguir con buenos golpes de hoz para llegar a esta tierra promisoria, "rica y plena", que imaginaron *els segadors.* Lo digo por la polvareda que ha levantado Albert Rivera respecto de nuestra Ley Electoral. Ahora resulta que la LOREG es la responsable subsidiaria de que la clara y persistente mayoría no nacionalista quede infrarrepresentada en el Parlamento catalán. El argumento es que la normativa catalana, copia de la española, otorga un mínimo de diputados a las provincias menos pobladas que son bastiones nacionalistas. Este mínimo sería la prima que habría permitido sumar una mayoría parlamentaria a la plataforma pro-Puigdemont. Esquerra y la CUP. Una injusticia de la que, encima, no podemos quejarnos. ¿Acaso no o curre lo mismo en toda España? ¿Es que Soria —ejemplo recurrente- no tiene más escaños por habitante que Madrid?

Y hete aquí que, como la normativa catalana parece fotocopia de la ley nacional, los constitucionalistas seríamos responsables de los desequilibrios que han permitido esa mayoría nacionalista. *Ergo,* antes de tocar la normativa catalana, habríamos de dar ejemplo embarcándonos en una reforma de la LOREG que nos traería, trocando D´Hondt por Sainte-Lagué, mucha *justicia electoral* y, me atrevo a predecir, muchos parlamentos ingobernables, parálisis legislativa (¿nadie se apercibe de que seguimos sin presupuestos?) y mayor dependencia de los nacionalistas. Y todo el lio para que disfrutemos el lujo de tener unos pocos diputados más que Cs y Podemos y de paso purguemos especialmente los sorianos, el pecado de haber fabricado el predominio nacionalista en Cataluña.

Es frustrante que, casi cuatro décadas de Estado autonómico, las normas e instituciones comunes sigan teniendo la culpa de todo. Y ello, después de haber dotado a las autonomías de inmensos recursos y capacidad para legislar en un amplísimo abanico de competencias –incluidas sus propias reglas electorales-, también después de haber renunciado a aquella aspiración de nuestros añorados abuelos liberales de culminar un Estado de derecho con plena unidad legal y jurisdiccional. Una renuncia para integrar a los nacionalistas en el pacto constitucional. Juzguen para qué ha servido. Lo que nos faltaba era, ahora, que la cantinela de la culpabilizarían la suman los partidos que deberían preocuparse por potenciar esas leyes e instituciones de todos.

Como todos los expertos hablan de Soria como ejemplo máximo de injusticia electoral, no me queda otra que volver a mentarla, siquiera para desagraviar a sus electores. Soria en efecto, elige dos diputados al Congreso, el número mínimo que se atribuye a todas las provincias españolas. ¿Por qué se requiere un número mínimo? Porque sin él sería imposible cumplir el artículo 68 de nuestra Constitución, que establece que en las circunscripciones provinciales –Ceuta y Melilla no lo son- el reparto de los escaños del Congreso entre las diversas candidaturas atienda criterios de representación proporcional. ¿Puede repartirse proporcionalmente un escaño? No. Hablando de injusticia que no sea la más votada, con independencia de toda proporción, ¿se queden sin escaño? Tampoco.

Vamos a la sufriente normativa catalana, tan imperfecta por el contagio mesetario. Sus elementos se contienen en la Cuarta disposición transitoria del Estado de 1979 que, por arte de birlibirloque, el Parlamento catalán decidió mantener vigente cuando mudó de Estatuto en el 2006. Los nacionalistas y sus adatares han estado tanto tiempo pico y pala con los *Paisos* que les faltó tiempo en 38 años para aprobar una ley electoral. Si nos centramos el párrafo segundo que, entre otras cosas, establece el reparto previo de los escaños entre las cuatro provincias catalanas… *voilá* encontramos que el número mínimo de escaños de cada una de ellas no es de dos sino de… ¡seis! ¿Pero es que con un número de cinco, cuatro, tres, o dos no puede aplicarse el escrutinio proporcional? En la Cataluña nacionalista no. El *fet diferencial* ha establecido arbitrariamente la barrera de seis, sustrayendo 16 escaños, cuatro por provincia, al reparto por criterios demográficos.

Pero agárrense, que hay más. No contenta con esta notoria injusticia, a mayor gloria del *pujolismo* y sucesores, el Estatuto ¡fija el número exacto de escaños que debe tener cada provincia catalana! Es decir, que Barcelona ha permanecido desde 1979 a 2017 con los mismos 85 escaños, con independencia de sus habitantes. Es más, Gerona siempre ha tenido 17; Lérida, 15; y Tarragona, 18.Mientras en las elecciones generales, con ese mínimo de dos escaños, el cupo de cada provincia ha variado con los movimientos de población, la *Dinamarca del Sur,* emulando a la Inglaterra de los *burgos podridos,* ha mantenido 38 años inmóvil –y porque sí- el número de escaños por provincia. Ni en la España de la Restauración, tan caciquil como la pintan, ni en ningún otro periodo de nuestra historia electoral general, desde la Guerra de la Independencia, ocurrió nada parecido.

Si para criticar los desafueros del nacionalismo, como lo es indudablemente éste, los defendemos este espacio de libertades llamado España necesitamos hacer previa penitencia y asumir culpas que no nos corresponden, habrá que admitir que tenemos un grave problema. Espero y deseo que no acabemos convirtiéndolo en una cuestión de legitimidad del Estado-nación y de la Monarquía constitucional, en beneficio de quienes proyectan arrumbarlos. Como dijo hace años Jean Francoise Revel, los demócratas no podemos pasarnos la vida considerando a los nacionalistas como los hijos pródigos, unos malaconsejados a los que no hay que hacer rabiar con nuestras críticas por si algún día se les ocurre arrepentirse. Y menos debemos perder el tiempo fustigándonos con el "algo habremos hecho" para que esta gente sea así. Esta *gente,* mayor de edad, responsable y con plena capacidad de obrar, ha asumido una doctrina política muy difícil de avenir con la democracia. Los demás también tenemos nuestros problemas y aspiraciones, y no por ello nos abonamos a destruir la sociedad política que nos hace libres.

Asumo del escepticismo con el que el Elie Kedourie tomaba expresiones tan incongruentes como "nacionalismo moderado". Los nacionalistas nunca han dejado de ser independentistas. La única diferencia que cabe hacer en punto a supuestas moderaciones es el tiempo que aquellos necesitan para crear la "Conciencia de nación", adoctrinando a quienes administran en la pertenencia al *volk* de su intervención, y la coyuntura que les permitirá parir el nuevo Estado. Siento mucho anunciar a *pacatos* y *biempensantes* que el pacto constitucional fue para los nacionalistas una fórmula con la que sacarnos el instrumento que les permitiría perseguir su objetivo último. Y nunca abdicarán de éste, por muy virtuosos que seamos los españoles y nuestros gobiernos, porque sus partidos no tienen previsto renunciar a sus doctrinas. No podrán hacerlo mientras no se convenzan verdaderamente de que ni por las buenas ni por las malas lograran jamás su objetivo.

Por ello, legitimamos sus falsedades cuando asimismo, frente a toda justicia y razón, sus ataques contra nuestras leyes e instituciones. Con todas sus fallas, el sistema electoral español ha sido un mecanismo vital para estabilizar nuestra democracia y, por cierto, una apreciable forma de combinar, como nos reconocen en el extranjero, dos principios tan poco compatibles como la representatividad y la gobernabilidad. Si pensamos reformarlo, debería ser para construir sobre sus elementos no para abolirlos así no arruinaremos lo mucho que nos ha hecho ganar desde 1977.

Roberto Villa García es profesor de Historia Política en la URJC y autor de *España en las Urnas* y de otras publicaciones.

BIBLIOGRAFIA Y AGRADECIMIENTOS

-"Cataluña en la España Moderna" – Pierre Vilar-Barcelona-1962

-"Aragón en su historia" – Varios autores-Edición especial para la Caja de Ahorros de la Inmaculada. Editorial Seix Barral-Zaragoza-1980

-"Historia de Catalunya" – Wikipedia

-Diario "El Mundo" de Cataluña: editoriales y artículos de los siguientes autores:

-Francisco Rosell

-Antonio Lucas

-Luís María Anson

-Rafa Latorre

-Alex Salmón

-Ignacio García de Leaniz

-Iñaki Gil

-"Cuando los barcos negreros salían del puerto de Barcelona"- Andrea Pérez – artículo publicado el 21-08-2016 en www.eldiario.es

-"De cómo Cataluña se volvió rica y Galicia pobre" – Luís Ventoso –artículo publicado en www.abc.es

-"Cataluña en la España Moderna"- Ismael Almazán-Blog "envuelto en historia"- artículo publicado el 16-12-2012

10828955R00127

Printed in Germany
by Amazon Distribution
GmbH, Leipzig